# 어쩌다 어른친구

러빙핸즈 멘토링 사례집 2

# 어쩌다 어른친구

### 러빙핸즈멘토링 사례집 2

인사이트브리즈

## 차례

### 인사의 말

러빙핸즈 사례집을 다시 내면서 | 06

### 1부 어떻게 재매칭을 하게 되었나

박정길 멘토 | 10
강지영 멘토 | 18
강경희 멘토 | 26

### 2부 멘티였다가 멘토가 되었네

전혜진 멘토 | 38
이재석 멘토 | 48
김승주 멘토 | 54
김혜리 멘토 | 62

## 3부 직업에 상관없이 멘토가 될 수 있어요

강혜림 멘토 | 74

이진희 멘토 | 84

전영훈 멘토 | 94

최가영 멘토 | 102

하윤명 멘토 | 110

## 4부 멘토링은 졸업했지만 우리 만남은 지금도 쭈욱!

안정호 멘토 | 118

이루다 멘토 | 128

김지선 초록리본도서관 공동관장과의 대화 | 140

러빙핸즈는 이런 활동을 합니다 | 162

러빙핸즈 멘토링을 소개합니다 | 184

인사의 말

안녕하세요. 러빙핸즈 대표 박현홍입니다. 먼저 러빙핸즈를 창립하고 두 번째 사례집을 내게 되어 이루 말할 수 없이 감사하고 기쁘다는 말씀을 전합니다.

한 멘토 선생님은 초등학교 6학년 때 대학생 멘토선생님을 만나서 7년 동안 멘티 & 멘토로 만남을 잘 마친 후, 20대 중반 직장을 잡고 안정이 되자 러빙핸즈멘토양성과정에 참여하여 초등학생 멘티와 일대일 매칭을 하고 러빙핸즈멘토선생님이 되었습니다.

또, 중도 입국해서 한국어를 거의 할 줄 모르고 중국어를 모국어로 사용하던 멘티가 어른친구 러빙핸즈멘토선생님을 만나서 6년 동안 멘토링을 마친 후 대학에 입학하였습니다. 위 두 사례는 17년 멘토링사례 중 대표사례입니다.

러빙핸즈멘토링은 최단 4년에서 최장 11년 동안 일대일 만남으로 세계에서 가장 오랜 시간 동안 지속하는 프로그램입니다. 그런데 멘티가 고등학교 졸업하는 나이까지 끝까지 진행한 사례가 2024년 2월까지 287건에 이릅니다.

이렇게 졸업한 후 스스로 러빙핸즈멘토선생님이 되는 경우가 7명이나 된 것 또한 감사합니다.

긴 시간 동안 '한 아이를 끝까지', '한 아이의 어른친구'로 존재하는 러빙핸즈멘토링에 함께 해 주신 멘티들 그리고 멘토선생님들과 후원가족님들께 고맙습니다.

2007년 2월 14일 설립 당시에는 한부모가정과 조손가정의 아동 중심으로 러빙핸즈멘토링을 진행했으나 17년이 지난 오늘날에는 점점 더 대상을 확대해서 다문화가정, 장애인가정 그리고 저소득 가정까지 확대가 되었습니다. 앞으로 멘토링을 필요로 하는 청소년 누구나 매칭할 수 있는 날이 가까운 미래에 오기를 기대합니다. 어려운 환경에 처한 청소년만 러빙핸즈멘토링을 필요로 하는 것이 아닐 것이기 때문이고 오늘을 살아가고 있는 청소년 누구나 행복할 권리가 있기 때문입니다.

『어쩌다 어른친구』가 두 번째 러빙핸즈멘토링사례집으로 출간하게 되어 감격스럽습니다. 이 사례집을 통해 한 아이의 어른친구로서 어린친구인 멘티와 우정을 쌓아가는 러빙핸즈멘토링프로그램이 누구에게나 청소년 한 명

한 명에게 관심이 있는 분이든, 청소년 문제행동에 관심이 있는 분이든, 청소년을 사랑하는 사람이든, 필수로 읽는 사례집이 되었으면 합니다. 이 책이 더 많은 멘토선생님과 멘티가 러빙핸즈멘토링에 관심을 가지고 참여하는 데 도움이 되고, 종래에는 우리나라의 모든 청소년과 세계의 모든 청소년에게 한 명 이상의 멘토선생님이 있게 되기를 바랍니다. 그래서 멘티에게는 행복한 삶을 누리도록 돕고 멘토에게는 보람과 가치있는 삶을 누리는 데 도움이 되었으면 합니다.

다시 한번 러빙핸즈와 함께 해주신 모든 분들게 감사합니다.

봄꽃들이 흐드러진 날, 러빙핸즈 대표 박현홍

# 1부

## 어떻게 재매칭을 하게 되었나

박정길 멘토

강지영 멘토

강경희 멘토

박정길 멘토_ 강원지부 - 멘토링 기간 7년

**러빙핸즈 멘토링을 시작하게 된 계기는 무엇인가요?**

처음에는 호기심이 가장 컸어요. 제 직업이 사회복지사인데, 처음 러빙핸즈 멘토링을 시작한 2017년은 제가 직장생활에서 번아웃으로 크게 어려움을 겪던 시기였어요. 그래서 호기심 반 현실 회피 반으로 러빙핸즈 양성교육을 들었어요. 그 당시 제 생활패턴은 모든 활동이 근무에 맞춰서 진행되고 있었고, 저는 앞만 보고 일만 하던 시기였어요.

그래서 성과가 안 나오면 신경도 날카로워지고 심지어 같이 근무하는 선생님들에게 화살을 돌릴 때도 있었으며, 퇴사까지도 고민하던 시기였죠. 지금 생각을 해보면 그 힘든 시기를 러빙핸즈 활동을 통해서 잘 넘길 수 있었던 것 같습니다. 지금까지도 같은 직장을 잘 다니고 있어요. 그리고, 결과 중심적인 근무환경에 지쳐있을 무렵, 이와 반대인 러빙핸즈의 과정 중심과 정서적 지원이 크게 매력적으로 다가왔습니다.

## 멘티와의 첫 만남 기억나세요?

먼저 첫 번째 멘티를 조금 언급하자면, 첫 만남이 아직도 생생하게 기억이 나요. 더운 여름날 당시 중학교 2학년에 재학 중이던 멘티를 처음 만났습니다. 지부장님께서 제 멘티가 또래에 비해 사회성이 조금 결여되어 있다고 해서 속으로 염려가 많았지만 밝은 웃음으로 날 맞이해 주더군요. 그때 멘티의 모습이 많은 시간이 지났음에도 불구하고 선명하게 남아 있어요.

그리고 작년 이맘때쯤 현재 멘티를 만나게 되었는데 이번 멘티 또한 또래에 비해 사회성이 없다고 해서 또 걱정을 하였어요. 그렇지만 이번에도 역시 매칭 첫날에 문밖에까지 나와서 배웅해주는 멘티의 모습을 보며 걱정이 모두 사라지는 느낌을 받았어요. 두 번 정도 이러한 상황을 겪어보니 이제는 사회성이 부족하다는 학교나 주변의 시선은 눈높이의 차이가 아닐까 하는 생각도 들어요.

지금 근무를 하는 곳에서 가장 많이 쓰는 말이 "틀린 것이 아니고 다른 것"인데 나 역시도 특정 영역에서는 색안경을 쓴 게 아닌가 하는 생각이 들어서 반성하고 내 생각을 되짚어보는 계기도 되었어요.

### 멘티를 졸업시켰을 때 어떤 기분이 들었나요?

제가 다른 사람보다 좀 감성적인 면이 있어서 그런지 시원하기보다는 섭섭하고 슬픈 생각이 많이 들었어요. 중간에 서로 힘든 일도 좋은 일도 많았는데 잘 이겨내고 여기까지 왔다는 뿌듯함이 제일 컸구요. 그리고 졸업 무렵에 멘티가 문득 "선생님. 저는 선생님이 정말 좋아요"라고 차 안에서 지나가는 말을 하였는데 그게 정말 소중하고 특별하게 느껴져서 4년이 지난 지금도 그날 그 차 안에서의 상황이 생생하게 떠오르면서 잊히지가 않아요.

## 청소년 때의 멘티를 만날 때와 성인이 된 멘티를 만날 때 달라진 게 있나요?

졸업 이후에도 날씨 변화가 심하거나 코로나가 심해졌을 때 주기적으로 안부 인사를 했습니다. 그러던 중 멘티가 먼저 제안해서 만나게 되었는데 서로 많이 편한 사이라서 그런지 학생 때의 멘티와 성인이 되고 난 후 멘티는 별다른 점이 없었어요. 아! 좀 다른 점이 있다면 자기는 맥주를 한잔 마셔도 되겠냐며 술을 못 먹는 저를 대신해서 맥주를 한잔 마시더라구요! 그 모습을 보면서 멘티가 마냥 어린애가 아닌 성인이 되었구나라는 생각을 했어요. 그리고 평소와 다름없이 밥을 먹고 나와서 카페를 갔다가 집으로 돌아왔는데, 멘토멘티의 관계가 아닌 내 삶에 포함된 친한 친구 또는 주변인처럼 느껴졌어요.

## 순종결 후 재매칭을 결심하게 된 이유가 있으신가요?

1차 매칭의 멘토링이 끝난 후 거의 2년 가까이 매칭을 하지 않고 있었는데, 처음 1년 정도는 재매칭을 하는 것에 대한 두려움이 있었기 때문이에요. 이유는 첫 번째 멘티를 졸업을 시키고 다른 아이와 매칭을 한다면 새로운 멘티와 잘 지낼 수 있을까? 의도치 않게 나 스스로 멘티를 비교하는 상황이 생기지 않을까? 라는 걱정이 많았어요. 그러던 중 지부장님께서 매칭 권유를 하셨고 결단을 내렸죠.

  반대로 생각을 해서 아예 러빙핸즈 멘토링을 하지 않으면 내 삶은 어떨까? 라는 생각을 하였을 때 멘토링과 러빙핸즈 활동이 내 삶을 더욱 가치 있게 만드는 것 같아서 재매칭을 결심하게 된 것이죠. 걱정 때문에 아예 하지 않겠다는 마음보다는 시작을 두렵게 만드는 마음을 이겨내는 것이 좋겠다는 판단이라고나 할까요? 이제 멘토링이 제 삶의 일부분이 되었다는 것을 깨닫고 나자 더 고민하지 않고 선택을 할 수 있었어요.

# 강지영 멘토 - 멘토링 기간 1년

**멘티와의 첫 만남 기억나세요?**

첫 만남 또렷이 기억납니다! 첫 만남은 매칭 방문이라, 러빙핸즈 대표님과 간사님들도 동행하셨더랬습니다. 일대일로 만난 첫 번째 만남에서는 멘티의 이야기를 많이 들을 수 있었어요. 우리 둘 다 내향형이라 멘토링 초기엔 조금 어색함도 있었지만 시간이 지날수록 점점 신뢰가 쌓여가고 관계가 깊어져 가는 것을 느낍니다.

### 러빙핸즈 멘토링을 시작하게 된 계기는 무엇인가요?

아동청소년 시기는 조건 없는 지지와 응원이 필요하다고 생각하고, 아동청소년들이 지지와 격려, 관심을 충분히 받았으면 하는 마음이 있었습니다. 제 봉사가 거기에 기여할 수 있다면 큰 보람을 느낄 것 같았어요! 기독교 방송에서 언급한 얘기를 듣고 검색해서 러빙핸즈 찾았습니다.

아이들에게 필요한 것은 지지와 격려가 아닐까.. 나는 어떻게 도울 수 있을까?

**중도종결 후 재매칭을 결심하게 된 이유가 있으신가요?**

멘토링을 꼭 해보고 싶었기 때문에 짧게 끝나버린 첫 매칭에 아쉬움이 있었고 이후 새로운 매칭을 기다리고 있었습니다.

멘토링을 두 번째 진행하면서 첫 번째와 다르게 느낀 점이 있다면?

멘티의 특성이 다르다는 것 말고 특별히 다르다고 느끼진 않아요.

처음 멘토링이 원활하지 않았기 때문에 두번째 멘토링에서 멘티가 연락을 잘 해주고 잘 참여 해 주는 것에 더욱 감사했던 것 같아요.

사실 첫번째 멘토링이 워낙 초기에 종결되다 보니, 두번째 멘토링이 거의 처음이나 마찬가지였답니다.

멘티의 특징에 대해 이야기 해주세요.

첫번째 멘티는 본인의 의지보다 보호자가 원하셔서 시작했던 멘토링이었기 때문에 멘티 자신은 멘토링에 별로 의지가 없었습니다. 이후 새로 매칭된 멘티는 본인이 원하는 부분이 있어 멘토링을 시작하였고 그래서인지 연락도 잘 주고 받고 만남도 원활하게 이루어지고 있습니다. 사실 저는 제 멘티와 특별한 활동 없이 밥 먹고 얘기하는 정도요. 하지만 시간이 지나면서 자연스럽게 조금씩 마음 속 깊은 얘기들을 하게 되는 것 같아요.

**새로 멘토링을 시작하는 분에게 조언을 하자면?**

청소년기의 아동에게는 직접적인 조언보다는 스스로 생각하고 결정할 수 있도록 질문을 던져주고, 지금 생각하는 것을 터놓고 얘기할 수 있도록 잘 들어주는 것이 필요할 것 같습니다. 그 누구보다 스스로가 자신의 의지로 결정하고 행동해야 진짜 변화로 이어질 수 있으니까요.

### 멘티에게 해주고 싶은 이야기

무언가를 잘 하지 않아도 괜찮고, 실패해도 괜찮다고 말해주고 싶습니다. 뭔가를 잘해야 사랑받을 수 있는 게 아니라, 그냥 멘티의 존재 자체로 사랑스럽고 귀하기 때문에요. 멘티가 아무 조건 없이 사랑받고, 또 아무 조건 없이 스스로를 사랑하기를 바랍니다. 또 누구의 말보다 자신의 마음과 감정에 귀기울이고 들으라고 하고 싶네요. 또 자기 감정을 참고 억누르기보다 날마다 자기자신을 도닥여주고 자기감정을 잘 살피더라고요.

**멘토링을 하면서 나의 가족, 자녀, 주변인에게 대하는 것(마음가짐, 세상 보는 법)이 달라진 점이 있다면?**

청소년들의 일상과 특성을 좀 더 가까이서 이해할 수 있게 되었어요. 나랑 전혀 다른 누군가를 더 깊이 알 수 있게 되었다고나 할까요? 가족과 주변인에게 갑자기 바뀐 모습을 보여줄 순 없지만 이해관계로 얽히지 않아도 세대가 다른 친구를 사귀고 있다는 점을 자랑스럽게 생각합니다.

 멘티랑 관계가 깊어지고 아이의 삶에 대해 가까이 가게 되면서 이런 멘토링이 정말 중요하다고 느껴집니다. 오래 가는 관계로 멘티의 지지가 되어 주는 것이 이러한 사역의 핵심임을 더욱 느끼고 있어요. 앞으로 멘토링 종결 이후에도 멘티가 어른으로 잘 성장하고 주어진 삶을 잘 살아가는 모습을 지켜보고 싶어요.

### 강경희 멘토_ 멘토링 기간 2년

**러빙핸즈 멘토링은 어떻게 시작하게 되셨나요?**

멘토링을 통해 사회에 조금이나마 도움이 되고 싶었습니다. 그 당시 저는 개인적으로 힘든 처지에 있었고, 새로운 인생을 시작해야 하는 시기였습니다.

다시 시작하는 새 인생처럼 의미 있는 삶을 살기로 마음가짐을 가졌었습니다. 더 가치 있고 의미 있는 일을 찾다가 러빙핸즈를 만났습니다.

평생 학생들을 지도하는 직업을 가지고 살았습니다. 제가 제일 잘 할 수 있는 것이 교육이었습니다. 러빙핸즈가 그런 삶을 위한 한 방법이자 청소년을 돕는 작은 일이라고 생각했습니다.

첫만남의 긴장을 풀어주시는
러빙핸즈 대표님과 간사님

**멘티와의 첫 만남 기억나세요?**

저를 위해 작은 선물을 들고나와서 수줍은 듯이 전해주는 모습이 생각납니다.

처음 만남 때 20문 20답을 작성하는데, 저를 만나서 하고 싶은 일이 한가득 쓰여 있었습니다. 또 저를 만나서 너무 기쁘다는 글에서 진심이 느껴져서 감동했었습니다.

**어떻게 중도 종결이 되셨을까요? 그런데도 재매칭을 결심하게 된 이유가 있으신가요?**

첫 멘티는 멘토링에 대한 의지가 없어 보였습니다. 그래서 중단하고 다시 매칭을 받았죠. 러빙핸즈의 다른 멘토링 사례들에서 멘티가 더 나은 삶을 살아갈 수 있고, 삶과 자신을 긍정적으로 바로 보는 건강한 경험을 하는 모습을 봤습니다.

내가 기울이는 노력이 작아도 그것이 누군가의 인생에 작은 파동을 일으키는 마중물 역할이 될 수 있다는 생각에 다시 재매칭을 결심하게 되었습니다.

**멘토링을 두 번째 진행하신 경험을 말씀해 주세요. 첫 번째와 어떻게 달라지셨나요?**

멘티가 달라지니 만남의 색도 다릅니다.

한 번 경험을 해 보니 어떻게 하면 즐겁고 유익한 만남이 될지 방법을 알게 되어 조금은 부담이 덜 되는 것 같습니다.

늘 멘티와의 만남이 즐거울 수만은 없지만 확실히 한 번 경험하고 다시 만남을 진행하니 더 좋은 것 같습니다. 멘티와의 만남이 풍성해졌습니다.

멘토링을 하면서 나의 가족, 자녀, 주변인에게 대하는 자세(마음가짐, 세상 보는 법)에서 달라진 점이 있다면?

사람은 절대 혼자 살 수 없는 것 같습니다. 늘 누군가와 관계를 맺고 살죠. 우리는 모두 사는 것이 녹록하지 않기에 고민과 스트레스가 없을 수 없습니다.

그래서 살아가면서 힘든 일을 함께 공유할 수 있는 사람이 단 한 사람만이라도 있다면 그것은 매우 큰 행운입니다.

제가 누군가에게 작은 행운이 되어 줄 수 있다면, 이것 또한 제게 큰 행운이라고 생각합니다.

샘! 우리 다음에 또 놀러 와요.

멘토링을 통해서 내가 누군가에게 도움을 주고 있는 듯해서 뿌듯하고 행복하기도 합니다. 처음에는 누군가를 돕겠다는 생각으로 시작했지만 실은 제가 더 도움을 받는 것 같습니다.

나보다 한참 어린 멘티를 만나는 일이 매번 쉽지는 않지만, 그 만남을 통해 저도 성장하고 멘티도 성장함을 느낍니다.

성실한 태도로 관계를 맺으면서 내 자신이 더 겸손해지고, 한편으로는 내 자신을 기특하게 여기게 되었습니다.

저의 마음이 바로 서니 다른 인간관계도 자연스럽게 바르게 맺어지게 되었고요.

사람은 베푸는 만큼 받는다고 했습니다. 멘토링이 이어지면서 저와 멘티가 함께 성장했고, 행복을 선물 받았습니다. 더불어 저의 가족에게도 행복과 행운의 기운이 넘칩니다.

## 2부

## 멘티였다가 멘토가 되었네

전혜진 멘토

이재석 멘토

김승주 멘토

김혜리 멘토

## 전혜진 멘토_ 서울지부 - 멘토링 기간 4년

**멘토에 대해 알려주세요.**

멘토링을 시작한 날은 19년도 11월 말입니다. 11월 28일이 첫 멘토링을 시작한 날짜인데요. 정확히 날짜까지 기억하는 이유는 멘티도 저도 서로 디데이 어플을 깔아놓고 기념일을 챙기고 있기 때문이예요. 그래서 간혹 어떤 날에는 멘티를 만나면 "쌤, 조만간 저희 몇주년이래요! "라고 이야기 하기도 했답니다.

 러빙핸즈 멘토링은 시작을 기점으로 초반에는 10회차까지 일주일에 한번씩 만나는 걸 권유하는데요. 멘티와 친해질 수 있고, 멘티멘토가 서로를 알아갈 수 있는 시간이 될 수 있어서 좋습니다.

 그렇게 저희는 10회를 거쳐 4주년이 지나고, 이제는 곧 1600일을 바라보고 있는 멘토멘티입니다. 처음 만났을 때 멘티는 단발머리에 아담한 체형에 단발 머리를 하고 있었는데, 어느새 저보다도 훌쩍 큰 키에 긴 생머리를 한 여고생이 되어 함께 꾸준히 멘토링을 이어가고 있습니다.

### 멘티와의 첫 만남 기억나세요?

너무 또렷하게 기억납니다. 제가 멘티를 병아리라는 애칭으로 부르는데요. 첫 만남 때 노란색 후드티에 노란 탈색 머리가 매우 인상 깊었기 때문이에요. 새침하고 도도하게 낯가리는 모습으로 떨어져 앉아 바쁜 척 저를 바라보던 모습이 아직도 기억에 남아요. 하지만, 지금은 만나면 추우면 춥다고 팔짱 끼고 저한테 안기고 장난도 치는 특별한 사이가 되었답니다.

### 멘티와의 대화 중 기억나는 것이 있으면 알려주세요.

멘티가 저한테 가끔 아주 사소한 부탁 같은 걸 할 때가 있는데요. 예를 들어서, 엊그제도 애들이 인터넷에서 만든 자신의 트리에 자기 주변 사람들이 뭘 매달아 주는 것이 있는데 그걸 해달라고 했어요.

 톡을 보내서, "샘, 이거 해주시면 저의 사랑을 드릴게요."라고 부탁을 하는데 정말 귀여웠습니다.

 멘티가 스스럼이 없이 자기 표현해 주어서 좋아요.

**멘토가 되어보니 나의 멘토선생님이 이럴 때 이랬겠구나!
생각해본 적 있나요?**

제가 멘티였을 때 간혹 멘토 선생님이 바쁘셔서 몇 개월간 연락이 안 될 때가 있었어요, 그때 날 잊으신 건가? 싶어서 제가 먼저 연락하기도 했었습니다. 그때는 그게 조금 섭섭하고 그랬었는데, 이제 멘토가 되어보니 알겠더라고요. 어른으로 살아가는 삶이 멘토링을 시간을 내어 일과 병행하기에 정말 큰 용기가 필요하다는 것도 알게 되었죠. 어떤 날에는 제가 야근이랑 프로젝트로 몇 개월을 멘티를 못 만난 적이 있었는데, 그때 멘티가 '샘, 뭐하세요?' 하고 카톡이 오더라고요. 그때 아차! 멘티가 섭섭할 수도 있겠구나, 싶었어요. 제가 먼저 연락할 때 다급하게 약속 잡으시던 멘토선생님의 마음이 이랬겠구나 싶더라구요.

### 멘티였을 때 기억에 남는 선생님과의 일화가 있나요?

아무래도 첫 만남이 가장 기억에 남는 거 같아요. 집 근처 파리바게트에서 멘토선생님과 만났었는데, 관심 분야도 물어보고 한때 학생들의 이슈인 연애 이야기도 하고 그랬었거든요. 빵이랑 음료 시켜두고 어찌나 그리 긴 시간을 이야기 했었는지, 지금 생각해도 신기한 거 같아요.

그때 선생님과 이때는 무얼하고, 저때는 뭘 이야기하면서 하고 싶은 것들을 조잘조잘 이야기 했던 거 같은데, 멘티도 저랑 두 번째 만남에서 하고 싶은 것들을 막 이야기하는데 제 멘티 때가 떠오르더라고요. 아무래도 멘토링에서는 멘토선생님과의 첫 만남이 유독 기억에 남는 거 같아요.

**멘토링을 졸업하고 성인이 되었을 때 기분이 어땠나요?**

비유를 하자면, 새끼손가락에 연결되어 있는 빨간 실이 끊어진 느낌이었어요. 나는 아직 마냥 하고 싶은 것도 많고, 아무리 생각해도 어린 거 같은데 성인이라고? 라는 느낌이었어요. 하지만, 그럼에도 멘토링을 하면서 선생님과 진로 이야기를 하면서 얼추 방향을 잡고 성인이 된 것이 참 다행이었다 싶습니다. 무언가를 도전할 수 있는 영역이 넓어졌다는 설렘도 있었던 거 같고요.

### 멘토가 되어보니 힘든 점 없으세요?

멘토멘티라고 해도 사람과 사람의 관계이기 때문에 서로 감정이 상했을 때가 제일 힘든 거 같아요. 좋은 의도로 접근했음에도 멘티가 삐지거나 토라지면, 그걸 달래는 게 가장 힘들더라고요. 그래도 제 멘티는 애써 져주는 척 많이 넘어 와 줘서 참 고마웠습니다. 이렇게 러빙핸즈 멘토링을 통해서 서로 져주고 맞춰가는 관계를 배우는 거 같아요.

### 러빙핸즈 멘토링을 시작하게 된 계기는 무엇인가요?

멘토링을 졸업할 때쯤, 내 선생님은 어떤 과정을 거쳐서 내 옆에 멘토선생님이라는 이름으로 긴 시간을 함께 했는지가 궁금했어요. 그래서 멘토선생님께 어떻게 멘토가 되었는지, 멘토 양성과정에서는 무얼하는지 등을 물었던 거 같아요. 그리고 선생님의 설명을 들으면서 멘토 양성과정을 해보고 싶다고 생각했어요. 사실 처음에는 단순히 멘토선생님이라는 존재에 대한 호기심에서부터 시작되었는데, 러빙핸즈를 알아갈수록 나도 누군가에게 도움이 되는 사람이 되고 싶더군요. 사람에게는 곁에 누군가가 있다는 것, 정말 존재만으로 큰 힘이 된다는 걸 몸소 겪고 나니까 멘토링이 욕심이 나서 시작하게 된 거 같아요.

### 멘티가 취미로 하고 싶다는 것이 있었을까요?

활발하고 자율적인 성격의 멘티여서, 가만히 있는 것보다 활동하는 것을 좋아하는 멘티예요. 그래서 같이 팔찌 만드는 원데이클래스를 가기도 하고, 날이 좋으면 자전거를 타러 한강에 가거나 스케이트를 타러 가기도 했어요.

요즘은 게임에 빠져있기도 하지만, 다음에 또다시 스케이트를 타러 가자는 걸 보면 여전히 새로운 걸 도전하고 활동적인 걸 좋아하는 거 같아요.

 멘티랑 다음에 여행 가자고 했었는데 아직 제대로 해본 적이 없어서 아쉽습니다.

이재석 멘토 - 서울 지부 - 멘토링 기간 2년

**멘토가 되어보니 나의 멘토선생님이 이럴 때 이랬겠구나! 생각해본 적 있나요?**

저는 어떤 일이든지 제가 제안하는 일을 매우 잘 따라주는 멘티를 만나고 있는데요, 그런 멘티에게 그저 감사할 따름입니다. 아마 저의 멘토선생님도 그렇지 않으셨을까 싶네요.

**멘티였을 때 기억에 남는 선생님과의 일화가 있나요?**

중3 중순 즈음 제가 천식으로 입원을 했었는데, 멘토선생님께서 병문안을 와주신 적이 있었어요. 여러 이야기를 나누다가 멘토선생님께서 세상 사람들이, 심지어 멘토선생님까지도 저를 외면하고 떠난다고 하더라도, 하나님께서는 언제나 저와 함께하신다고 말씀해 주신 적이 있었습니다. 그때 엄청난 용기와 희망을 얻었더랬죠.

**멘토가 되어보니 힘든 점 없으세요?**

초반에는 제가 멘티에게 의미 있는 무언가를 해주어야 한다고 생각했어요. 그래서 멘티를 만날 때면 무슨 말이라도 해야 할 것 같아서 정적을 못 견뎌했는데, 지금은 그냥 동네 친구 만나듯이 편하게 만나고 있습니다. 같은 장소에 있지만 서로 이어폰을 끼고 각자 듣고 싶은 걸 듣는 정도의 사이까지 발전했지요.

**멘토링을 졸업하고 성인이 되었을 때 기분이 어땠나요?**

계속 멘티로 머물러 있고 싶었어요. 성인이 되고나면 아무래도 멘티였을 때보다 만날 수 있는 시간이 많이 줄어들 것 같았거든요. 그럼에도 대학생이란 신분 아래 초록리본도서관을 캠퍼스 삼아 러빙핸즈와 계속 인연을 이어오고 있네요. 하하.

**러빙핸즈 멘토링을 시작하게 된 계기는 무엇인가요?**

제가 받았던 관심과 사랑을 흘려보내고 싶었어요. 러빙핸즈에 진 빚이 너무 크다보니 그걸 멘토가 되어 또 다른 멘티와 만나면서 그 사랑을 흘려보내고 싶었습니다.

**멘티와의 첫 만남 기억나세요?**

멘티도, 저도 내향적인 성격이었습니다.. MBTI로 말하자면 I 성향이 강했던 거죠. 물론 지금도 마찬가지이기는 하지만, 그때는 거의 로봇이 된 것처럼 매우 어색하게 말하던 저의 모습을 다시 한 번 회상해보게 되네요. 하하.


**멘토링을 하면서 나의 가족, 자녀, 주변인에게 대하는 것(마음가짐, 세상 보는 법)이 달라진 점이 있다면?**

SNS를 통해 소식을 확인하다가 힘들어하는 지인을 접하게 되었을 때, 이들에게 러빙핸즈를 소개해 주고 싶은 마음이 들더군요. 장기적인 정서적 지지가 얼마나 중요한지를 잘 알고 있기에, 가급적이면 주변에 러빙핸즈 멘토로 함께해 주기를 권유하고 있습니다.

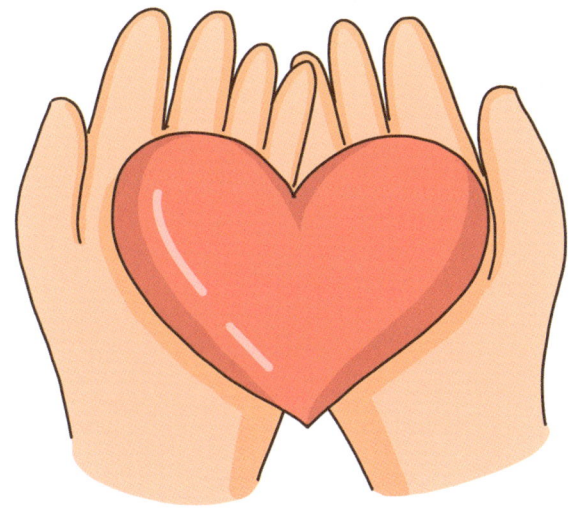

## 김승주 멘토_ 대구 지부 - 멘토링 기간 7년

**멘토가 되어보니 나의 멘토선생님이 이럴 때 이랬겠구나! 생각해본 적 있나요?**

멘토링을 하면 함께 밥을 먹을 때가 많습니다. 그때마다 '그냥 아무거나 좋아요.'라는 멘티의 대답이 멘토의 입장으론 많은 고민이 되는 응답이라는 것을 알게 되었습니다. 멘티가 원하는 메뉴가 나올 때까지 찾아보고 물어 보는 과정을 몇 번 겪으니 '아무거나요'라는 대답이 무섭더라고요. 그리고 재미난 사실 하나는 멘티친구의 요청으로 갑작스럽게 약속이 취소 될 때가 때론 멘토에게 달콤할 수 있다는 생각도 들었습니다. 하하.

### 멘티였을 때 기억에 남는 선생님과의 일화가 있나요?

고등학생 시절에 연말에 멘토 선생님과 함께 시내 소극장에서 연극 본 일이 기억이 남아요. 함께 연극을 보고 근처에서 저녁도 먹었는데 평범할 수 있던 하루가 특별한 하루가 되었던 기억이 있습니다. 아직도 그때를 생각하면 행복한 추억이 되어 웃음이 절로 나는 것 같습니다.

### 멘토가 되어보니 힘든 점 없으세요?

누군가를 꾸준히 그리고 오랫동안 만난다는 일이 정말 가벼운 일이 아니라는 걸 알아가는 것 같습니다. 수시로 바뀌는 갖가지 상황과 변수들을 뚫으며 이렇게 만남을 유지하는 것이 내심 신기하기도 하죠. 하지만 또 그 만남을 위해서 가끔은 나의 것을 포기해야 하기도 합니다. 그럼에도 이렇게 끝까지 나와 함께 해주는 멘티에게 고맙고 덕분에 힘을 낼 수 있습니다.

### 멘토링을 졸업하고 성인이 되었을 때 기분이 어땠나요?

솔직하게 성인이 된다는 것이 조금은 싫었습니다. 스무 살이 되자마자 갑작스럽게 이제는 혼자서 네 삶을 책임져야 한다며 떠넘겨지는 느낌이 들었기 때문입니다. 그래서 가끔은 '내가 어른이라고?'라는 생각이 들기도 합니다. 아직도 나 자신을 책임져야 하는 삶이 때로는 두렵기도 하고 세상에 대해 모르는 것도 너무 많다고 생각이 들지만 지금은 조금씩 삶과 세상에 대해서 부딪히고 넘어지며 그럼에도 다시 일어서는 법을 배우고 있는 것 같습니다.

그리고 성인이 되어 멘토가 된 후에도 저의 멘토이셨던 정상규 선생님이 저와 제 멘티에게 밥을 사주셨어요, 그때 선한 영향력은 끊어지지 않고 이어진다는 것에 감동하였습니다.

### 러빙핸즈 멘토링을 시작하게 된 계기는 무엇인가요?

멘토링을 시작하게 된 계기는 정말 단순했습니다. 그냥 내가 받았던 이 관심과 사랑을 나도 누군가에게 주고 싶었기 때문입니다. 원래 목표가 명확하면 그것을 실천하는 것은 쉬우니까요. 그래서 저는 멘티 졸업하자마자 멘토로 곧바로 멘토링을 신청하고, 매칭이 시작했을 때 덤덤하게 받아들이고 활동할 수 있었습니다.

### 멘티와의 첫 만남 기억나세요?

흠, 벌써 7년 전 일이다 보니 정확한 상황을 기억하지는 못하지만 그래도 처음 봤을 때 제 멘티와 제가 너무 똑 닮았다는 생각이 확실하게 들었다는 것은 기억하고 있습니다. 그 이후로도 사람들이 저희 두 사람을 보면 정말 닮았다는 이야기를 많이 하시고, 지금도 그런 말을 듣고 있습니다.

**멘토링을 하면서 나의 가족, 자녀, 주변인에게 대하는 것(마음가짐, 세상 보는 법)이 달라진 점이 있다면 말씀해 주세요.**

첫 번째로 무언가를 나누는 것에 조금은 익숙해졌다는 것입니다. 어릴 땐 무언가를 나눠주는 것에 대해 인색했는데 멘토링을 통해서 그 인색함이 많이 줄어든 것 같습니다. 그리고 두 번째로, 나를 좋아해 주는 사람이 있다는 것이 얼마나 행복한 일인지 알아가는 것 같습니다. 멘토선생님을 통해 받았던 사랑으로 지금의 제가 있듯이, 저를 만나기를 기대하고 멘토링이 좋다는 멘티를 보면 멘토로 참여하길 잘했단 생각이 듭니다. 가족이 아닌 누군가로부터 함께 하여 즐겁다는 이야기를 들을 때 내심 뿌듯하거든요.

 그리고 마지막으로, 가끔 제 삶이 버겁게 느껴질 때 그 뿌듯함과 나를 좋아해 줘서 고맙다는 마음이 긍정적인 에너지가 되어 힘든 상황을 이기게 만드는 마법이 되기도 합니다.

김혜리 멘토 - 서울지부 - 멘토링 기간 4개월

## 멘토가 되어보니 나의 멘토선생님이 이럴 때 이랬겠구나! 생각해 본 적 있나요?

지금 저의 멘티가 최근 밤새 쓴 편지에 예쁘게 포장한 스티커, 귀여운 포토카드, 게다가 안에 젤리까지 함께 넣어서 제게 준 적이 있어요.

"지금은 선생님이 저를 지켜 주지만 고등학교, 대학교에 가면 그때는 제가 선생님을 지켜드릴게요! "

정말 감동이 되어 코끝이 빨개지는 걸 느끼며 눈물을 참아냈던 순간이었어요. 단순한 감동을 넘어 나와 멘티의 관계가 이렇게까지 발전한 것에 대한 감사와 나의 이런 마음을 멘티가 알아주었다는 사실이 더 감동스럽던 순간이었습니다.

사실 제가 멘티였을 때 저는 멘토 선생님과 친구처럼 지내지는 못하였어요. 낯을 많이 가리는 학생이었고, 중학교 시절엔 사춘기까지 함께 겪으며 만남을 피하기도 했거든요. 그런 저를 견뎌 주신 멘토 선생님이 그저 감사할 따름입니다.

그런 멘토 선생님과 혜화역에서 만난 어느 날, 다음 날이 선생님 생일이었어요. 그때 제가 처음으로 로드샵에서 쿠션 팩트를 사 선물 포장해서 드린 적이 있는데 그때 선생님이 정말 한참을 계속 고맙다고 연거푸 말씀 하셨던 적이 있어요.

그 당시 저는 어린 마음에 쑥스럽고 부끄럽기만 해서 선생님의 고마워하는 마음을 자연스럽게 받아들이지 못했었는데, 아마 그 당시 선생님께는 제가 지금 멘티에게 받은 편지만큼의 감동이었을 수도 있겠다는 생각이 들어요.

멘티가 전해준 마음의 편지

## 멘티였을 때 기억에 남는 선생님과의 일화가 있나요?

멘토 선생님과 10번째 만남도 다 끝내지 않던 시절이었는데 그날은 저 혼자 지하철을 타고 목적지에서 멘토선생님과 만나기로 했던 날이었어요. 제가 그때는 지하철을 타고 멀리 이동한 적이 없어서 지하철이 낯설었습니다. 당시 환승 구역에서 길을 잃어 한참을 헤매다 멘토 선생님께서 달려 와주어 극적 상봉을 한 적이 있어요.

선생님께서 미안하다며 "내가 어른 입장에서 생각을 했구나, 네가 지하철을 타본 적 없을 수도 있다는 생각을 못 했다"며 저보다 더 당황하고 놀라신 선생님의 얼굴이 기억에 남아요

**멘토가 되어보니 힘든 점 없으세요?**

지금 힘든 것이라면 초등학생인 멘티와 만나서 무엇을 하며 시간을 보내야 하는지가 제가 풀어야할 가장 큰 숙제인 거 같습니다. 다행히도 아직까진 어려움 없이 만남을 지속해 왔지만 멘티가 초등학생이다 보니 했던 걸 반복하는 걸 싫어하고 항상 새로운 무언가를 하고 싶어 해요.

또 저는 아직도 일주일에 한 번씩은 꼭 만나고 어떤 때는 일주일에 2번을 만난 적도 있답니다. 그러다 보니 어떤 활동을 해야 할지가 가장 큰 고민인 거 같아요.

**러빙핸즈 멘토링을 시작하게 된 계기는 무엇인가요?**

저는 멘토가 아닌 멘티로서 러빙핸즈를 처음 알게 되었어요. 중학교 1학년 즈음 우리 집에 찾아온 대표님과 저의 멘토 선생님이 되어 주실 분을 처음 뵙게 되며 인연이 시작되었던 거 같아요. 러빙핸즈에서 하는 많은 행사들과 캠프 수련회뿐만 아니라 함께 영화를 보거나 뮤지컬과 연극 등을 보러 자주 다녔어요. 어쩌면 사소할 수 있는 경험이지만 모든 것이 지금의 저로 채워가는데 쓰였습니다.

또 아무리 어른스러운 척해도, 살다 보면 법적 미성년자인 어린 학생이 어찌할 수 없는 일이 반드시 일어나거든요. 그럴 때 도움을 요청할 수 있는 곳이 러빙핸즈였던 거 같아요. 그런 나의 경험이 다른 청소년에게도 도움이 될 수 있는 통로가 되겠다고 생각이 들었습니다.

러빙핸즈 멘티를 졸업하며 멘토링 활동을 해보고 싶다는 막연한 생각이 있었어요. 하지만 그 전에 제가 좀 더 나은 어른이 되어야 했고 직장생활에도 자리를 잡아야 했죠. 그런 조건들과 함께 멘티와의 만남을 이어갈 수 있는 마음의 준비가 많이 필요했어요.

그러다 보니 어느덧 27살 직장인이 되어 있었고, 더 늦기 전에 마음 한구석에 묵혀두었던 러빙핸즈 멘토링 활동을 하기로 마음을 먹었어요.

### 멘티와의 첫 만남 기억나세요?

너무 생생하게 기억하고 있어요! 멘토멘티 매칭식 당일, 러빙핸즈 대표님과 팀장님 두 분을 먼저 만나 뵙게 되었는데 미리 알려준 사실로는 멘티의 거주지가 제가 거주하는 아파트 단지와 같은 아파트 단지였어요. 멘티네 집으로 찾아가기 전 며칠 전부터 긴장하며 혹 멘티가 나를 마음에 안 들어 하면 어쩌지 하는 염려와 어떤 멘티가 나와 함께 앞으로의 시간을 함께 할까 하는 기대 반 두려움 반의 감정으로 멘티를 만나러 갔습니다.

그날 비가 보슬보슬 내려 우산을 들고 멘티의 집을 방문하였는데 멘티가 너무 반갑게 맞아 주며 우산도 받아주었던 기억이 나요. 정말 긴장을 많이 한 채로 방문했었는데 멘티가 발랄하게 저에게 말도 걸어주고 좋아하는 아이돌이 있는지 MBTI가 무엇인지 등 질문을 쏟아내 주었어요. 첫 만남부터 아 왠지 정말 친구 같은 사이가 될 수 있겠다는 느낌이 들었어요.

첫눈에 반했던 거 같아요.

## 멘토링을 하면서 나의 가족, 자녀, 주변인에게 대하는 것(마음가짐, 세상 보는 법)이 달라진 점이 있다면?

멘토링 전후로 저의 일상이 많이 달라졌다고는 할 수 없어요. 어렸을 때부터 러빙핸즈와 함께 했고 지금도 함께 하기에 갑작스럽게 많은 것이 바뀔 것은 없었거든요.

 하지만 확실한 것은 이제 멘토라는 호칭을 받았기에 조금 더 책임감을 느끼고 조금 더 좋은 어른이 되는 것이 옳다는 생각이 듭니다. 무엇을 하든지 적어도 멘티에게 부끄러운 행동은 하지 말아야지 하는 순간들이 생기는 거 같아요. 세상의 모든 어린이를 돌봐 줄 순 없지만 그래도 나의 멘티 한 명에게라도 좋은 사람이고 싶습니다. 저의 멘티는 제가 자꾸만 좋은 사람이 되고 싶게 만들어 주는 존재예요.

# 3부

## 직업에 상관없이 멘토가 될 수 있어요

강혜림 멘토

이진희 멘토

전영훈 멘토

최가영 멘토

하윤명 멘토

## 강혜림 멘토 - 서울지부 - 멘토링 기간 9년

러빙핸즈 멘토링을 시작하게 된 계기는 무엇인가요?

20대에 러빙핸즈를 알게 되고, 매달 기부금만 내다가 좀 더 의미 있는 활동이 하고 싶었습니다. 무료 과외, 봉사활동 등등 다양한 방법이 있었지만 멘토링이 가장 끌렸어요.
 멘토-멘티 관계로 만나서, 멘티가 고등학교 졸업 때까지 오랜 시간을 함께 하는 것!
 '그래, 이거다!' 싶어 멘토링 교육을 신청하고 멘티를 만나게 되었죠!
 지금 생각해도 20대에 한 가장 잘한 일인 것 같아요! 내가 할 수 있을까 걱정이 앞섰지만 꾸준히 만나다 보니 오히려 제가 멘티에게서 인생을 배우기도 하게 됩니다.

**직업(방송작가)으로 인해 멘토링에 도움 되었던 것이 있는지?**

제 직업의 특징인 시간의 자율성이 굉장히 도움이 되었습니다. 제가 일정한 업무 시간이 있는 직장을 다니는 것이 아니라서 멘티와의 만남을 정할 때 서로 맞는 시간을 정할 수 있어서 편리했습니다.

**멘티와 만나면서 재밌었던 혹은 당황했던 에피소드가 있으신지요?**

멘토링 초기에 춘천으로 기차여행을 가기로 했어요. 엄청 추운 날이었습니다. 춘천 공원에서 떨다 숙소로 가려고 했어요. 그런데 숙소를 예약하지 않고 갔거든요. 아뿔싸, 호텔을 잡으려 했더니 멘티가 미성년자라서 입소가 안된다더라고요. 찜질방도 허용이 안 되어서 마침 찜질방에 들어가던 어떤 분에게 사정 이야기를 하고 엄마인 척해달라고 부탁해서 들어갔던 기억이 있어요. 그 이후로 멘티는 여행은 절대 안 가겠다고 하더군요! (웃음)

멘티와의 첫 만남 기억나세요?

그럼요! 자그마한 몸에 큰 눈! 다소 어두운 표정으로 있던 저의 첫 멘티 똘망이!

그 모습을 보고 결심했죠. '저 아이를 웃게 만들어 줘야겠다!'

그래서 만날 때마다 시답잖은 농담 건네며 웃겨주려고 했던 게 기억나네요.

지금 똘망이는 그때와 달리 무척 밝고 당당해졌어요. 어느새 대학교 졸업반이라 저보다도 어른스럽게 잘 지내고 있네요 :)

두 번째 멘티, 예니!

예니는 큰 키에 뚜렷한 이목구비를 가진 친구였어요. 질풍노도의 시기인 중2라서 멘토링에 어려움이 있을까 하고 걱정했었는데 제 기우였습니다. 전혀 힘들지 않아요!

표현이 좀 무뚝뚝하긴 해도 제가 하자는 거에 뭐든 다 OK 라고 해주는 착한 친구예요!

그리고 은근히 웃겨요. 더 친해지려고 노력 중입니다.

멘티와의 대화 중 기억나는 말이 있으세요?

멘티에게 메세지를 보냈더니, '샘은 제 멘토이자 제 롤모델이에요'라는 답문을 보내온 적이 있었습니다. 그 말이 계속 제게 남아 있어요.

멘티는 어려운 집안 환경을 잘 극복하고 지금은 일본 와세다대학을 다니고 있습니다.

예전에는 우리의 대화가 진로 상담이 주였다면, 현재는 일본에서 유학 중에 고마운 사람이 생각날 때 제가 떠오른다면서 간혹 메시지를 보내오기도 해요. 연애 상담도 하고요. 기쁘고 보람됩니다.

멘토링을 하면서 나의 가족, 자녀, 주변인에게 대하는 것(마음가짐, 세상 보는 법)이 달라진 점이 있다면?

배우 이종석이 연인인 아이유에게 했던 말이 있는데요.
"그 사람은 나를 더 좋은 사람이 되고 싶게 한다."
제가 멘토링을 하면서 느낀 점과 딱 들어맞는 말 같아요. 멘티에게 늘 멋진 모습만 보여주려고 했던 건 아니지만, 멘티가 보고 있으니, 내가 더 나은 사람이 되고 싶었거든요.
사실 사람에게 상처받고, 위로받는 원인의 대부분이 말 때문이잖아요.
그래서 저도 주변 사람들에게 더 많이 표현하고, 더 많이 응원해주려고 합니다.

## 이진희 멘토 - 서울지부 - 멘토링 기간 77개월

직업 특성상 장기 멘토링에 참여한다는 게 부담스러울 수도 있었을 것 같은데, 러빙핸즈 봉사를 시작한 이유가 있으신가요?

저는 교회를 섬기는 목사입니다. 교회에서 일하다 보니 봉사가 일상입니다. 그러나 제가 했던 봉사는 순수한 의미의 봉사이기 보다 제 직책에 대한 의무일 때가 많았습니다. 성경은 '오른손이 하는 일을 왼손조차 모르게 하라'라고 말하지만, 항상 드러난 곳에서 행동해야 하는 제 모습이 언제부턴가 불편하기 시작했습니다. 무엇보다 교회라는 울타리 안에서만 사랑을 실천하다 보니 사회적 약자들에 대한 막연한 부채의식이 생겨났습니다. '목사답게'가 아니라 사람답게, 누군가를 돕고 싶어졌습니다.

**러빙핸즈 멘토링을 시작하게 된 계기는 무엇인가요?**

그러다가 궁금증이 생겼습니다. 도대체 '누구를 어떻게 도와야 할까?' 누군가를 도우려면 대상이 있어야 하는데 바쁜 일상에서는 누가 도움이 필요한 사람인지 잘 보이지 않았습니다. 장 지글러는 그의 책에서 "세상의 절반이 굶주리고 있다"라고 말하는데 저에게는 아무도 보이지 않았습니다. TV와 SNS를 보면 고통과 친구인 사람이 넘쳐나는데 제 주변은 고요하기만 했습니다. 나중에 러빙핸즈 교육을 받으며 알게 되었지만 사회적 약자는 보이지 않는 곳에 숨겨질 수밖에 없더군요. 그래서 예수님도 일평생을 숨겨진 땅, 변방의 그곳, 갈릴리에서 사셨던 것은 아닐지···.

그때쯤 우연히 페이스북에서 러빙핸즈를 발견했습니다. 박 대표님이 저와 같은 선교 단체 출신이라서인지 제 알고리즘에 대표님이 잡혔던 거지요.

'처음에는 이게 뭐 하는 곳인가' 의아했지만 시간이 지날수록 함께 하고 싶어졌습니다.

이유를 생각해 보니 "11년 동안 함께하는"이라는 표현 때문이었습니다. 보통의 봉사는 일회성으로 끝나는 경우가 많습니다. 할 수 있는 일도 한계가 있었습니다. 물론 그 정도만 해도 대단하지만, 왠지 '선하게 살고 싶은 삶'에 대한 약간의 면죄부만 얻는 느낌이었습니다. 개인적으로 여러 단체를 후원하고 있었지만 생각해 보면 작은 만족감이었지 진짜 봉사라는 생각은 들지 않았습니다.

러빙핸즈는 달랐습니다. 일회적이거나 피상적인 방법이 아닌 삶을 바탕으로 한 봉사였습니다. 긴 시간 멘토와 멘티가 삶을 공유하는 것이고, 가진 사람이 일방적으로 나누어주는 폭력적인 방식이 아닌 함께 성장하는 것을 목표로 하고 있었습니다. 이런 단체라면 함께 해야 한다는 확신이 들었고, 추운 겨울의 폭설을 뚫고 95기 러빙핸즈 교육을 수료했습니다!

멘티와의 첫 만남 기억나세요?

첫 만남은 원주에서 103기 멘토 교육을 진행하고 있을 때였습니다. 일 년 동안 기다렸던 멘티와 매칭을 할 수 있다는 소식을 듣고 엄청 기대했던 기억이 납니다. 매칭에 앞서 박현홍 대표님, 김혜영 간사님에게 멘티에 대한 간략한 상황을 들었습니다. 초등학교 3학년인 멘티의 가정은 한부모 가정이었고 연로하신 아버지가 마음만큼 아이를 잘 돌봐줄 수 없어 어려움을 겪고 있었습니다. 멘티는 폭력성과 ADHD로 학교생활에 어려움도 있었습니다.

  상황을 들으니 덜컥 겁이 났습니다. '과연 내가 이 아이를 감당할 수 있을까', '멘티에게 다른 상처를 주는 것은 아닐까?' 심지어 '멘티가 나를 공격하면 어쩌지'와 같은 찌질한 망상도 일어났습니다. 대표님과 선생님이 계셔서 티는 못 냈지만 걱정으로 등에 식은땀이 흘렀고, 마음에는 기도가 흘렀습니다.

'하나님, 도와주세요, 작은 사인이라도 주시면 감사히 좋은 친구가 되어보겠습니다.'

멘티의 아파트에 도착하니 더 떨렸습니다. '몇 호지? 어디로 가야 하나?' 방향을 잡지 못하는 모습이 왠지 저의 미래 같았습니다. 그렇게 도착한 집에서 드디어 멘티를 만났습니다. 까까머리, 수줍음 많은 멘티는 그냥 평범한 아이였습니다. 걱정에 망상까지 했던 제가 부끄러워졌습니다. 아파트 문이 열려있었는데 멘티가 우리를 기다리며 활짝 열어 놓았다고 아버지가 말합니다. 어쩌면 이게 하나님의 사인일 수도 있겠다 싶었습니다. 짧은 시간이지만 서약서를 읽고, 이야기를 나누며 걱정은 사라졌고 멘티가 준 '칸쵸'와 같은 달달함이 마음에서 피어났습니다. 덕분에 멘티의 별칭은 '칸쵸'가 되었네요.

멘토링을 하면서 내 가족, 자녀, 주변인에게 대하는 것(마음가짐, 세상 보는 법)이 달라진 점이 있다면?

짧은 시간이었지만 러빙핸즈 멘토링을 경험하며 '부담'이 사라졌습니다. 멘토링, 봉사하면 '누군가'에게 '대단한 도움'을 주어야 한다는 마음의 짐이 있었습니다. 부담은 실패에 대한 두려움으로 이어졌고 도전조차 꺼리게 했습니다. 그러나 러빙핸즈 멘토링을 통해 관계를 유지하는 것에는 뭔가를 많이 하기보다 '무엇을 하지 않는 것'이 더 중요함을 알게 되었습니다. 바꾸려 하기 보다 존중함으로 함께 할 때 서로가 성장한다는 것을 배우고 경험합니다. 그렇게만 해도 변화하는 멘티를 보고 있으면 정말 신기합니다.

자녀를 대하는 태도도 달라졌습니다. 예전에는 잘못한 것을 고쳐라 또는 하지말라는 말을 많이 했었는데 요즘에는 그냥 함께 웃습니다. '살다 보면 달라지겠지'라는 막연하지만 분명한 확신이 생겼습니다. 아마 사람에 대한 신뢰가 생긴 것이겠지요. 그렇게 저도, 멘티도 함께 성장하고 있습니다.

## 전영훈 멘토_ 서울지부 - 멘토링 기간 1년

선생님의 멘티에 대해 설명해 주세요.

재미있는 초딩3학년 남학생입니다. 통통하고 귀엽지만 힘도 세서 힘을 주체하지 못하는 특징도 있습니다. 또, 똑똑하고 공상이 많아 상황을 상상해서 역할 정해서 하는 모험을 좋아하죠.

  대화를 주도적으로 이끌기도 하고, 게다가 승부욕도 강해 팔씨름에서도 꼭 이기고 싶어합니다. 새터민 아버지와 사는데 어머니는 돌아가셨습니다.

  처음에는 산만해서 소통이 어려웠지만 1년 지나니 오히려 멘토인 저를 위로해줄 줄도 아는 속 깊은 아이입니다. 또, 사람에 대해 어떻게 해야 할지 아는 것 같습니다. 아마 자신이 힘들었던 경험을 잘 적용하는 것 같아요.

목회자라는 직업 특성상 장기 멘토링에 참여한다는 게 부담스러울 수도 있었을 것 같은데, 봉사를 시작한 이유가 있으신가요?

맞습니다. 저는 직업적으로는 목회자입니다. 하지만 직업상의 성직자가 되기 이전에 누군가의 좋은 이웃이 되는 것이 하나님의 가르침이라고 늘 생각해왔습니다. 그간 너무 교회, 집, 교우의 집이라는 쳇바퀴에만 갇혀 지내진 않았나 반성하는 마음이 있었습니다. 그러면서 제 나름대로 동네의 이웃을 만나고 싶은 꿈을 오랫동안 꿈꿔왔습니다.

일상을 벗어난 봉사는 저 혼자만의 힘으로는 이루기 쉽지 않았습니다. 그런 고민을 나누던 분 중에 러빙핸즈 멘토가 계셨습니다. 그분에게서 러빙핸즈를 소개받았습니다.

러빙핸즈의 멘토링은 제 삶의 가장 중요한 질문 하나를 풀어준 고마운 통로입니다.

멘티와의 첫 만남 기억나세요?

힘찬이(가명)와의 첫 만남은 힘찬이의 집에서 이뤄졌습니다. 그때는 부모님과 함께 있어서 그렇게 특별한 점을 발견하지 못했는데, 따로 만남을 가지는 첫 번째 날에 마치 지구가 태양 주위를 공전하는 것처럼 제 주위를 쉴 새 없이 맴돌았습니다. 입장을 바꿔 생각해보면 나보다는 낯선 어른과 만나는 힘찬이가 더 긴장되고 어려웠을 텐데도 쉽게 다가와준 그때의 힘찬이가 참 고맙게 느껴집니다.

멘토링을 하면서 내 가족, 자녀, 주변인에게 대하는 것(마음가짐, 세상 보는 법)이 달라진 점이 있나요?

힘찬이를 만나면서 제 아이들에게 어떻게 하고 있는지 반성하게 되는 계기가 되었습니다. 또, 직업의 특성이 누군가를 가르치는 경우가 많은데, 가르침과 배움의 의미에 대해서도 러빙핸즈가 얼마나 많은 깨달음을 주는지 모릅니다.

누군가를 일방적으로 도와주거나 가르치고 배우는 관계에서 벗어나 서로 배우는 가치 있는 경험을 하게 되었어요. 가족과 교회, 그리고 주변 사람들을 대할 때 제 태도와 자세가 일방적이지 않은지 돌아보게도 되고요. 큰 영향을 받고 있습니다.

최가영 멘토 - 서울지부 - 멘토링기간 5개월

러빙핸즈 멘토링을 시작하게 된 계기는 무엇인가요?

전부터 어린이, 청소년 문제에 관심을 가져왔고, 대학원생으로 학교 봉사단체에 가입해서 보육원 봉사를 간 적이 있었습니다.

보육원 퇴소 후에 접하게 될 법적인 문제들, 임대차계약이나 근로계약 같은 것들에 대해 주의할 점을 알려주는 교육 프로그램이었는데, 프로그램에서 시작을 여는 말로 준비한 것은 "우리가 살면서 꼭 필요한 것이 뭘까요?"라는 질문이었습니다.

집, 돈, 직업, 음식 이런 대답을 기대하면서 물어본 것이었는데, 앞에 있던 친구가 "부모님이요"라고 말을 해서 굉장히 당황해서 얼버무렸던 적이 있었습니다.

저의 당황한 모습이 그 친구에게 상처를 준 것 같아서 그 일 이후로는 가능하면 직접 대면해서 하는 봉사는 피하고 단체 후원과 같이 간접적인 방법으로만 지원했습니다.

그러다 우연한 기회에 러빙핸즈를 알게 되었는데, 1:1로 만나 장기적으로 알아가는 형태라면 멘티에게 상처 주지 않고 진심으로 다가갈 수 있겠다는 생각이 들어서 멘토링 프로그램에 지원하게 되었습니다.

**멘토에 대해 알려주세요.**

올해(2023년) 7월부터 멘토링을 시작해서, 10회 차가 아직 안 되었어요. 러빙핸즈 멘토링은 처음 10회 차까지는 1주일에 한번씩 만나는 것이 원칙이거든요. 단기간에 서로를 알게 하는 것이 목적이지요.

현재 제 멘티는 그 힘들다는 중2인데, 키가 좀 큰 편이며 팔다리도 길쭉하고 얼굴도 조그맣도 까무잡잡한 피부톤을 가지고 있어요. 한 마디로 미인형입니다.

한부모 가정이고 외조부모님 슬하에서 크고 있긴 하지만 부모님들이 잘 살펴주셔서 사랑이 부족해 보이지는 않는 것 같습니다.

**멘티와의 첫 만남 기억나세요?**

잠옷 바람으로 나와서 낯을 가리던 모습이 생각납니다.
지금은 굉장히 수다쟁이여서 만나면 귀가 아플 지경입니다. 호호.

직업(변호사) 특성상 장기 멘토링에 참여한다는 게 부담스러울 수도 있었을 것 같은데, 봉사를 시작한 이유가 있으신가요?

봉사를 하고 싶다는 마음은 항상 있었는데, 바쁘게 살다 보니 정해진 봉사 일정에 제 시간을 맞추는 형태의 봉사활동에는 참여하기가 어려웠습니다.

러빙핸즈 멘토링은 저와 멘티가 서로 유동적으로 시간을 맞출 수 있어서 좋습니다. 제가 바쁠 때나 멘티가 시험공부 하느라 바쁠 때는 잠깐 밥만 먹고 헤어지기도 하고, 서로 여유가 있을 때는 영화를 보거나 오래 같이 시간을 보내는 등 서로의 형편에 맞게 조율할 수 있는 점이 제 상황에 잘 맞겠다고 생각해서 지원하게 되었습니다.

멘토링을 하면서 나의 가족, 자녀, 주변인에게 대하는 것(마음가짐, 세상 보는 법)이 달라진 점이 있다면?

저는 자녀가 없고 조카들도 아직 아기들이어서 청소년기 아이들과 소통해본 적이 없었습니다.

중학교 2학년인 멘티와 지내보니 철없었던 저의 학창시절이 떠오르면서 부모님이 저를 키우실 때 얼마나 답답하셨을지 이제 좀 알 것 같고 효도해야겠다는 생각이 들었습니다.

## 하윤영 멘토_ 서울지부 - 멘토링 기간 5년 5개월

**러빙핸즈 멘토링을 시작하게 된 계기는 무엇인가요?**

처음 러빙핸즈를 만나던 날이 생각나네요. 평소 존경하던 김OO 목사님께서 초록리본도서관에서 북토크를 하신다기에 왔다가 러빙핸즈를 알게 되었고, 그것이 계기가 되어 71기 멘토양성과정에 참여하게 되었습니다. 그리고 자연스럽게 멘토링을 시작하게 되었습니다.

**멘티와의 첫 만남 기억나세요?**

2018년 6월에 첫 만남을 가졌습니다. 수줍어하던 첫 만남 때의 멘티가 기억나네요. 그래도 스스럼없이 저와 사진을 찍어준 멘티가 정말 예뻤습니다.

체육대회나 소풍 등 러빙핸즈 행사에 적극적으로 참여해서 멘티와 친해지는데 도움이 되었습니다.

직업 특성상 장기 멘토링에 참여한다는 게 부담스러울 수도 있었을 것 같은데, 봉사를 시작한 이유가 있으신가요?

사실 별 고난 없이 살아온 삶인지라 항상 마음의 빚(?) 같은 게 있었습니다. 하지만 기부만 하는 봉사는 봉사의 참 의미가 퇴색될 수 있다는 생각에 고민만 하고 있던 차에 러빙핸즈를 알게 되어 '이거다!' 생각 들어 참여하게 되었습니다.

멘티와 만나면서 재밌었던 혹은 당황했던 에피소드가 있으신지요?

주로 핸드폰에 관한 대화를 많이 했습니다. 예를 들어 여자애들이 좋아하는 앱들, 핫한 아이템 등이요. 제가 치킨 떡볶이 등 멘티 음식을 자주 챙겨주었는데 어느 날 생일에 생일 상차림 반찬을 전해주었더니(잡채 미역국 ..) 멘티 어머니가 감동하셔서 고맙다는 전화를 하셨더라고요.

멘티와의 대화 중 기억나는 말이 있으신지요?

멘티가 엄마한테 야단을 맞고 화가 나서 창문을 깬 적이 있었습니다. 멘티는 자신이 한 짓에 겁이 나 집을 나와 저에게 연락을 해왔습니다. 두려워서 도움을 청하는 전화를 했던 것이죠. 그때 제가 멘티 어머니한테 전화 통화를 하고 서로 중재해서 무사히 집으로 돌려보낸 경험이 기억나네요.

멘토링을 하면서 나의 가족, 자녀, 주변인에게 대하는 것(마음가짐, 세상 보는 법)이 달라진 점이 있다면?

제 직업이 교사라서 늘 학생들을 대하며 사는데, 멘티를 만나면서 학생들을 이해하는 데 많은 도움을 받습니다. 겉도는 만남이 아니라 아무래도 청소년들의 실제 생활을 잘 이해하게 되더라고요. 그리고 제게는 딸이 없는데 멘토링을 하면서 딸 가진 부모님 마음을 더 잘 이해할 수 있게 되었습니다.

## 4부

## 멘토링은 졸업했지만 우리 만남은 지금도 쭈욱!

안정호 멘토

이루다 멘토

# 안정호 멘토 – 서울지부 – 멘토링 기간 8년

### 러빙핸즈 멘토링을 시작하게 된 계기는 무엇인가요?

저는 처음 다니던 교회에서 청소년부 음악팀장을 맡아 사춘기를 힘들게 보내는 아이들을 섬기는 일을 하고 있었습니다. 그때 담임 목사님께서 러빙핸즈와 멘토링 교육을 하기로 했는데 저도 꼭 해야 한다며 선택을 할 여지도 주지 않으시고 등록하라고 하시더라고요. 하하.

 그저 순종하는 마음으로 교육을 받았습니다. 그때는 제가 섬기는 일에 연관이 되는 줄 알고 시작했었습니다.

### 멘티와의 첫 만남 기억나세요?

청솔이와 매칭서약서를 하던 첫 만남, 그리고 처음으로 정말 둘이서만 만난 그날도 기억이 생생하죠.

매칭할 때도 거의 말이 없던 너무 순수하고 피부가 하얀 귀여운 소녀였어요. 둘이 설빙에서 처음 만났을 때도 그랬습니다. 내가 하는 말에 그저 웃기만 하는 너무 귀엽고 사랑스러운 (요즘 한국 아이들과 다른 순수한 면이 있는) 다문화 청소년 친구였습니다.

나중에 알고 보니 제 말이 빨라서 (한국말이 서툴렀던 청솔이가) 못 알아들어서 웃기만 했었다네요 ^^

첫 만남에서 제 딸아이와 같은 학교인 걸 알게 되어서 학교 얘기를 많이 하고 공부 얘기도 많이 했습니다. 저도 청솔이도 서로 어색했죠!

두 번째 매칭한 재재는 쪼르르 세 자매의 언니입니다. 수줍음이 많았지만 첫 멘티였던 청솔이보다 수다쟁이입니다. 앞선 멘토링의 경험이 있어서인지 재재와의 만남은 조금 더 편했던 거 같습니다. 처음 만날 때부터 분위기가 달랐습니다. 소신 있게 본인이 먹을 것을 주문하고 셀카를 즐겨 찍었습니다. 수줍은 청솔이에게 익숙했던 저는 조금 당황했습니다.

### 순종결 후 재매칭을 결심하게 된 이유가 있으신가요?

고등학생이 된 첫 멘티 청솔이가 그런 얘기를 많이 했었습니다.

 20살이 되면 대학을 가는 것보다 러빙핸즈 멘토 선생님이 되는 게 꿈이라고.

 그래서 본인이 매칭을 하고 나보고 새로운 멘티를 매칭해서 같이 여행을 가자고 말하기도 했습니다. 그 말이 대견하기도 하고 기특하기도 했지만 그때만 해도 재매칭에 대해서는 별로 생각이 없었기에 웃고 넘겼습니다. 그런데 청솔이가 러빙핸즈 졸업행사에서 대표로 멘토에게 주는 편지를 낭독하는 것을 들으며, 세상의 어떤 일이 이토록 아름다운 열매를 맺을 수 있으며 기쁨이 있을까 싶더군요.

많은 것에 감사하게 되었습니다. 몇 년 동안 때로는 귀찮기도 하고 때로는 힘들기도 했던 만남이었지만 하나님께서 가장 기뻐하시는 일이었구나 라는 확신이 들었기에 쉬지 말자, 다시 도전하자는 마음이 들었습니다.

## 멘토링을 하면서 내 가족, 자녀, 주변인에게 대하는 것(마음가짐, 세상 보는 법)이 달라진 점이 있다면?

멘토링 하기 전의 저는 개인주의였습니다. 나 자신, 내 가족, 내 학원, 내 교회 등 모든 것을 내 기준으로 바라보고 그 기준만큼만 잘하고 살던 사람이었던 거 같습니다.
청솔이와 멘토링을 할 때도 내 멘티, 딱 거기까지였습니다. 그런데 멘토링이 마무리되면서 나의 지경의 넓어지는 것을 느꼈습니다.

  학원을 운영하면서도 수강생 아이들 하나하나 마음을 바라보는, 조금은 마음이 여유로운 사람이 되어감을 느낍니다. 내 자녀와 주변인에게 이렇게 해 저렇게 해라고 지시하지 않게 되었습니다. 어떻게 내 삶에서 그리스도인의 삶을 살아낼 것인가에 마음을 두니 생각도 달라졌습니다.

주변을 돌아보는 스스로에 놀라기도 합니다. 나의 작은 착한 일과 섬김에서 낮은 자를 아파하시고 사랑하시는 예수님의 마음을 아주 조금 닮아 가는 것 같아서 감사할 뿐입니다.

이 착하고 좋은 선한 일에 동참할 수 있어서 감사합니다. 하나님께서 나의 작은 섬김을 기뻐하시리라는 확신으로 오늘도 감사하면 삽니다.

재재가 자주 하는 얘기입니다.

"러빙핸즈 참 좋아요, 멘토링 재미있어요! "

## 이루다 멘토 _ 서울지부 - 멘토링 기간 7년

### 러빙핸즈 멘토링을 시작하게 된 계기는 무엇인가요?

멘토링을 시작하게 된 것은 당시 간사로 일하던 친구의 추천이 계기가 되긴 했는데, 평소 제가 해오던 생각과 러빙핸즈의 이념이 같아서 흔쾌히 시작하게 되었습니다.

　사회의 젊은이들이 어린 학생 한 명씩을 맡아 지도한다면 꽤 긍정적인 세상을 만들 수 있지 않을까 막연히 생각하고 있었는데 그러던 중에 만나게 된 러빙핸즈였습니다.

### 멘티와의 첫 만남 기억나세요?

멘티와의 첫 만남, 첫 가정방문이 정말 지금도 기억이 생생해요.

낯가리며 수줍어하던 멘티에게 너를 만나기 위해 오랫동안 기다려왔다고 말했던 제 솔직한 말도 기억납니다.

### 직업 특성상 장기 멘토링에 참여한다는 게 부담스러울 수도 있었을 것 같은데, 봉사를 시작한 이유가 있으신가요?

제 직업(배우)이 일반 회사원과 달리 출퇴근 시간이 불규칙해서 처음엔 많이 망설였어요.

하지만 천천히 길게, 오랜 시간 함께 함을 추구하는 것이 러빙핸즈 멘토링이라 저의 삶의 템포와 맞았던 것 같아요. 지금도 매우 만족하며 멘토링 하고 있습니다

### 어떤 멘티였는지 알려주세요.

작은 곰처럼 귀엽고 뚱뚱한 체형이었어요. 그래서 별명을 쿠마라고 붙였죠. 살 빼야 한다고 노래를 불렀지만 실제로 살을 빼지는 못하더라고요. 같이 운동을 하고 싶었으나 집이 서로 멀어 그렇게 하지는 못했습니다.

 멘티가 멘토를 의지하는 것이 참 좋은 것 같습니다. 멘티의 친구 관계가 어렵고 외로웠을 때 멘토로서 함께 해서 그 시기를 버틸 수 있게 했다고나 할까요?. 친구와의 말다툼할 때 조언할 수 있었습니다. 가능하면 현실적인 조언이 되도록 노력했고요.

**청소년 때의 멘티를 만날 때와 성인이 된 멘티를 만날 때 달라진 게 있나요?**

초등학생인 멘티를 처음 만났을 땐 전철노선도 어려워하는 어린아이였는데, 지금은 직장생활을 잘 견디고 있는 어엿한 사회초년생이 되었습니다. 멘티가 워낙 순하고 착한 성격이라 어른이 된 지금도 그 여전함은 다를 바가 없네요.

### 멘티를 졸업시켰을 때 어떤 기분이 들었나요?

사실 멘티가 졸업할 때 솔직히 엄청난 해방감이 들었어요. 서로가 친구 마냥 잘 지내긴 했지만 어쨌든 정해진 규칙과 약속 안에서 이행해야 하는 책임이 동반된 '활동'이었으니까요. 멘티와 마지막 시간을 보내며 "이젠 선생님 없어도 되지?"라고 장난스레 물었는데 아니요 라며 바로 고개를 젓는 걸 보며 우리 그간 참 잘 지내왔다는 후련함과 해방감이 크게 들었어요.

**멘티와 만나면서 재밌었던 혹은 당황했던 에피소드가 있으신가요?**

현재 21살 멘티는 졸업하고 취업을 한 회사원입니다. 우리 둘은 봄이면 벚꽃축제, 성탄절에는 잠실 석촌호수를 몇 년 연속 다녔죠. 크리스마스이브에는 꼭 만나서 밥 먹고 선물교환 하고, 사진도 찍고 알차게 놀러 다녔습니다. 스스럼없이 친구처럼 언니처럼 만화책방도 가고, 영화도 자주 보고요.

**대화 중 기억나는 말이 있다면요?**

나의 무명 배우시절에 멘티가 "선생님, 잘 될 거예요. 저는 믿어요."라고 말해줘서, "너도 잘될 거야. 사회에 나가면 더 잘할 수 있어."라고 답했던 것이 기억납니다.

### 배우라는 직업이 멘토링에 도움이 된 적이 있나요?

앞날이 불투명해 고독했던 시간을 멘토링을 하면서 저도 버틸 수 있었습니다. 내가 할 수 있는 일이 있다, 내가 누군가에게 도움이 된다는 생각이 서로 응원하며 성장할 수 있는 시간이었습니다.

멘토링을 하면서 내 가족, 자녀, 주변인에게 대하는 마음가짐, 세상 보는 눈이 달라진 점이 있다면?

오랜 시간 멘토링을 하며 가장 크게 느꼈던 건 멘티의 삶에 제가 큰 영향을 미쳤겠지만 제 삶에도 멘토링이 무척 큰 영향을 줬다는 것입니다.

  거울치료라고 말 할 수 있을까요. 멘티에게 하는 말, 생각해주는 행동, 놀러 다니고 시간을 보내는 모든 것이 오히려 저의 어린 시절을 치유했습니다. 어릴 적의 제게 하듯이 멘토링은 저를 회복시킨 순간들이었습니다. 제 인생에도 정말 크고 귀중한 경험이었습니다.

## 김지선 초록리본도서관 공동관장과의 대화

2024년 1월 6일, 러빙핸즈 초록리본도서관의 공동관장을 맡아 10년째 봉사하고 있는 개그우먼 김지선 씨를 홍대앞 카페에서 만나 러빙핸즈와 맺게 된 인연과 사회적 활동, 개인의 삶 등에 관한 이야기를 나눴다.

이날은 러빙핸즈의 멘토링을 졸업하는 멘티들을 위한 비전캠프가 있는 날이기도 했다. 김지선 씨는 비전캠프에서 졸업생들에게 축사하고 장학금을 전달하였으며 그들과 점심을 먹었다.

진행_ 임신희 러빙핸즈 66기 멘토

안녕하세요. 몇 번 슬쩍 뵙기는 했지만 이렇게 정식으로 자리하긴 처음이네요. 시간 내어 주셔서 감사합니다. 예상 질문으로 적어 드린 것 외에 먼저 가볍게 여쭤보고 싶었던 게 있습니다. 중고등학교 때부터 개그맨의 꿈이 있으셨는지요?

제가 어렸을 때 흉내내기를 잘했어요. 개나 고양이 닭 이런 동물 흉내를 내면 사람들이 똑같다고 좋아하는 거예요. 그러다가 심형래 씨가 방송에 나왔는데 그걸 또 제가 똑같이 흉내를 잘 냈어요. 그래서 내가 그런 재주가 있는 줄 알았죠. 고등학교에 들어가서는 '통일전망대', '남북의 창' 등 방송에 나오는 북한 아나운서 흉내를 학교에서 했더니, 애들이 엄청 웃더라고요. 선생님께 말해서 자꾸 저한테 흉내내기를 시키는 거예요. 자연히 계속 연습하게 된 거죠.

그러다가 뭘 더 붙이기도 하고, 또 눈여겨서 보기도 하고. 그러다 보니 북한 사투리가 제 트레이드마크가 되었어요. 대학 들어가자마자 본 개그맨 시험에서도 그걸로 합격했어요.

개그맨 공채는 어느 방송국에서 하셨고 처음 데뷔했던 프로그램은 무엇이었나요?

KBS의 〈유머1번지〉였어요. 하지만 제가 주도적 역할을 맡기 시작한 건 이경래 선배님이랑 함께 한 〈쇼비디오자키〉의 '남남북녀'라는 코너예요. 통일 후 남쪽 남자와 북쪽 여자가 만났을 때 생길 수 있는 에피소드들로 이어진 것이었어요.

러빙핸즈는 언제 어떻게 알게 되셨어요?

제가 러빙핸즈를 알게 된 것이 2009년이니까 벌써 10년이 훨씬 넘었네요. 거의 초창기부터 알고 있었던 셈이네요.

 초록리본도서관은 개관하기 전부터 알았는데, 사실 그 전에 다른 홍보대사가 한 명 있었어요. 전효실 씨라고. 저보다 한 기수 후배 개그맨이에요. 어느 날, 그분이 좋은 취지의 NGO 단체가 있는데 홍보대사를 할 의향이 있는지 물어보더라고요.

마음만 먹으면 누구나 물질적으로 돕는 건 할 수 있어요. 하지만 멘토와 멘티가 만나서 그 아이가 성인이 될 때까지 친구가 되어 준다는 것은 다른 얘기죠.

말씀처럼 더 어려운 일인데도 멘토로 활동하신 이유가 있을까요?

사회적으로 큰 악을 행했던 사람들의 뒷얘기를 들어보면 어렸을 때 그의 마음을 들어주고 공감해 준 사람이 없었던 경우가 많았던 것 같아요. 그 때문에 자기만의 생각에 빠져 그릇된 길로 가지 않았을까 같은 생각을 했죠. 전 그게 제일 안타까웠거든요. 근데 러빙핸즈가 그런 일을 하고 있다는 거예요. 단박에 이 단체 너무 좋다 싶었습니다.
 특히 조부모나 한부모 가정 속에서 자라는 아이들에게 가족이 얘기하면 잔소리지만 제삼자가 얘기하면 조금은 ….

맞아요. 좀 더 편하게 얘기 듣겠죠. 반발심도 좀 덜 생기고요.

이제는 러빙핸즈가 한부모 가정뿐만 아니라 다문화 가정 쪽까지도 폭을 넓힌다고 하니 더욱 뜻깊은 일이 될 것 같아요.

홍보대사로 시작하셨다가 초록도서관이 생기면서 공동관장으로 봉사하고 계시는 건가요? 코로나 전만 해도 매달 도서관에 나오셔서 직접 동화책을 읽어주셨잖아요. 저도 정말 재미있게 들은 적이 있습니다. 그냥 읽는 게 아니라, 연기가 들어가니까 이야기에 푹 빠져든다는 생각을 했거든요. 책을 읽어주실 때 중점을 두는 점이 있으신가요? 아니면, 자연스럽게 연기가 나오는 건가요? 하하.

참 감사하게도 하나님께서 제게 주신 달란트 중에 흉내를 잘 내는 것이 있잖아요. 동화책에는 사람뿐 아니라 동물들도 많이 등장하죠. 여러 종류의 인물에 맞춰 목소리가 달라지고, 상황에 따라 변하니까 아이들도 더 재밌게 들어주는 것 같아요. 아무래도 제가 애들 키우면서도 연습을 많이 했죠. 아빠가 읽어주는 거랑 제가 읽어주는 것과는 영 달랐겠죠?

아드님 따님이 잠을 안 자지 않았을까요? 읽어주는 이야기가 재미있어서.

실제로 나중에는 목이 너무 아팠어요. 책을 한 권 읽어줘도 잠들지 않고, '또, 또'를 연발하니까요. 하하.
 '내가 제일 잘하는 거를 해야겠다' 싶어서 초록 리본 도서관이 생기자마자 아이디어를 냈던 게 지금까지 이어지고 있네요.
 현재는 격월로 진행하고 있어요. 한 달은 현장에서 한 달은 줌으로. 온라인 책 읽기는 전국에서 접속할 수 있는 장점이 있더군요.

오늘처럼 이렇게 졸업식에 축사도 하시고 러빙핸즈 행사에 자주 오다 보면 친숙한 얼굴도 생기게 되셨겠네요?

네. 박현홍 대표님의 멘티였던 재석이 같은 경우가 그래요. 아이 나이가 아홉 살일 때 만났는데, 지금은 훌쩍 자라 대학생이 되어 멘토로도 활동하고 있어요.

이렇게 선순환이 되어 멘티였던 아이들이 멘토가 되겠다고 나서줄 때 가장 보람된 것 같습니다. 본인이 멘티였던 적이 있기에 이 일의 귀중함을 더 잘 알고 있는 것 같아요. 또, 그렇기에 아이들이 뭘 원하는지, 자신이 뭘 잘 할 수 있는지도 알고 있고요.

동화책 낭독을 듣는 아이들의 반응이 이 일을 계속할 수 있는 동기부여가 되셨을까요?

아무래도 내가 해야 할 일이 이런 일이구나 하는 깨달음이 있어요. 무엇보다 제가 다자녀를 두었기 때문에 아이들의 취향도 더 잘 안다고 자부하죠. 초록리본도서관에서는 동화책을 읽고 서로의 생각을 나누기도 합니다.

제가 질문을 하면 그 답변을 하는 과정에서 아이들의 생각이 담기는데, 정말 생각지도 못한 대답들이 많이 나와요. 예를 들어, 누군가를 도와주는 내용의 책을 읽고 난 다음에 '내게 도움을 준 사람 중 기억에 남는 사람이 있을까?', 아니면, '내가 다른 사람에게 도움을 준 적이 있을까?'라고 물었던 적이 있어요. 그때 시력이 나쁜 재석이가 이런 대답을 했어요.

"저는 잘 보지 못하지만 그것 때문에 듣는 것은 잘해서 남의 얘기를 잘 들어줘요."

질문으로 인해서 자신의 장점이 무엇인지에 대해 다시 한 번 생각해 볼 수 있는 시간이 되잖아요. 혼자 있을 때는 자신의 단점만 크게 느껴지기 쉽거든요. 이런 나눔을 통해서 '나에게도 이런 장점이 있구나'를 다시 한 번 깨우치도록 하는 것도 정말 필요하겠다는 생각을 또 하게 되더라고요.

동화를 듣는 멘티들과 예능 프로그램 등의 시청자들의 반응에 어떤 차이가 있나요?

그렇죠. 시청자들의 반응은…. 글쎄, 뭐랄까, 냉정하기도 하거든요. 동화 낭독이 맨날 재미있겠어요? 그래도 도서관을 통해 만나는 친구들은 재밌게 들어주죠. 한두 사람만이라도 이 책을 통해서 뭔가 마음의 따뜻함이 생겨나고 그러면…. 나는 그걸로 만족한다고 생각하는 한 계속하는 거죠.

장학금 후원 등 지원을 아끼지 않으시는 거로 알고 있어요. 또, 러빙핸즈의 각종 행사에도 참여하시던데, 기억에 남거나 보람이 있었던 행사론 어떤 것이 있을까요?

러빙핸즈는 멘토와 멘티를 위해 가평에 쉼터를 마련하고 있습니다. 사실은 제 남편도 자라면서 한 번도 동물원에 가 본 적이 없대요. 아버님이 너무 아프셔서 여행을 가 본 적도 없다고 하더라고요. '그래, 이렇게 치열하게 사시는 분들은 그럴 수도 있겠다.' 싶었어요.

전 아이들이 집을 떠나보는 색다른 경험도 필요하다고 생각해요. 야외에서 먹고 자는 캠핑을 하거나 펜션 같은 숙박 시설에서 놀거나. 동해안의 바다를 보러 가거나 놀이동산에서 즐겁게 놀거나. 이런 활동이 어떤 아이들에겐 참 쉽지 않은 경험이 될 수 있어요. 가평 쉼터는 바로 이런 경험을 할 수 있는 공간이 될 수 있을 거예요. 멘토 선생님과 쉼터 마당에서 고기를 구워 먹거나 라면을 끓여 먹는 경험은 아이에게도 좋은 기억을 남길 수 있겠죠. 아이가 나중에 성장해서 가정을 이뤘을 때 도움이 되는 것들을 우리가 또 가르쳐주는 것 같아서 저는 참 보람된 사업이라고 생각했습니다.

주변에 보면, 다 해외여행을 다니는 것 같지만 실제로는 그렇지 못한 아이들도 많더군요. 친구들이 어디 다녀왔다 얘기해도 자신은 그런 경험이 없으니까 말을 하지 못하는 경우가 있는 거 같아요.
간혹 연예계 후배들에게 러빙핸즈를 소개하셔서, 그들이 러빙핸즈 행사의 초대 손님으로 노래도 불러주시던데, 멘토링을 소개하고 권하실 때 어떤 면을 강조하시는지요?

우리가 아이들에게 조금만 관심을 가지면 아이가 삐뚤어 나가다가도 내가 사랑받고 있는 존재라는 걸 알면 분명히 다시 울타리 안으로 들어오게 된다고 믿어요. 울타리 밖으로 벗어난다는 건 그 안에서 외로웠다는 증거거든요. 우리가 '너를 주목하고 사랑하고 있다'는 걸 계속해서 알려주는 게 중요해요. 그래야 아이도 '나는 사랑받는 존재고 나를 위해서 기도해 주는 사람들이 있구나'라고 깨닫고, 울타리 안으로 돌아올 수 있으니까요.

작게나마 사회에 도움을 주고 싶다고 생각하는 사람도 있지만, 그렇지 않고 나 살기도 너무 버겁다는 사람들도 많이 있습니다. 그 차이는 어디에서 오는 걸까요?

경험을 안 해봐서 그래요. 한 번이라도 경험이 있다면, 봉사가 시간 낭비라고 생각하지 않을 거예요. 경험이 없어 그 상황에 들어가 보지 않았기 때문에 막연하게 '한두 번 내가 돕는다고 달라지겠어?' 같은 생각을 하는 것이 아닐까요? 주위 사람이 연탄봉사, 노숙자들 무료급식소를 간다 할 때 한 번 정도는 따라가 볼 수 있지 않을까요? 그렇게 한 분 한 분이 모여서 이루어지는 것이기 때문에 저는 꼭 한번 경험을 해보라고 권합니다.

질문지에 적어놓지는 않았지만 롤모델이 있을까요?

〈로마의 휴일〉의 오드리 헵번이요. 오드리 헵번도 참 쉽지 않은 인생을 살았더라고요. 그녀의 인생을 보면 그다지 행복했다고 볼 수 없는데, 배고픈 아이들, 소외된 아이들을 죽을 때까지 품을 수 있었다는 것이 존경스럽습 지금은 봉사에 들어가는 시간이 아까울 것 같아도 그것이 결국 투자인 셈이네요. 사실 어떻게 생각을 하면 현대인들은 정말 해야 할 게 많잖아요. 게다가 자녀들이 넷이라니! 자녀들 나이가 어떻게 되지요?

지금 21살 20살 18살 16살 됐죠. 하하.
 이젠 여섯 가족이 한꺼번에 모이는 게 어려워요. 확실히 '품 안의 자식이구나.' 싶어요. 아이 넷을 키우면서 초창기에 너무 힘들어 '하나님께서 왜 이렇게 많이 주셨을까?' 푸념도 했어요. 물론 아이들은 좋아하지만, 육아는 너무 힘들다 싶었는데 키워놓고 나니까 넷도 그렇게 많지 않다는 생각이 들어요. 사람들에게 많이 낳으라고 얘기는 해줘야 하겠다 싶어요. 점점 애 키우기 힘들어지는 세상이 돼버려서…. 아무튼 지금은 아주 수월해졌죠.

다자녀를 둔 어머니이자 아내로서 그리고 일정이 규칙적이지 않은 연예인 생활을 하시면서 봉사를 위한 시간을 어떻게 만드시나요?

바쁠 때는 나름대로 조절하는 편이에요. 그런데 실제 몸으로 하는 활동에는 그렇게 많이 참여하진 못했어요. 지금은 여유가 좀 있어요. 때마다 제가 할 역할이 다르게 있는 것 같아요. 그래서 여유가 있으면 직접 참여를 더 많이 하려고 하죠.

여러모로 균형 잡힌 생각을 가지고 계신 것 같아요. 처음 사회생활을 시작할 때부터 그러셨는지 아니면 시행착오를 겪으셨는지요?

네, 제 직업 자체가 사실은 저랑 안 맞아요. 그런데 제가 성실하긴 합니다. 어떻게 보면 그 성실함이 제 직업을 좀 탄탄하게 만들어 줬다고 말해도 과언이 아닐 것 같아요. 부모님께 성실함을 물려받아서 참 감사하죠.
 뭔가를 꾸준하게 일궈가는 것이 오래 가는 비결이라고

생각해요.

 한 번에 팍 튀는 것이 사람들 눈에 띌 수는 있겠지만, 그거보다는 그냥 꾸준하게 자신의 자리를 지키는 것이 좋다고 생각합니다. 그렇게 살다 보니 너는 결혼하기 전보다 결혼한 후에 얼굴이 더 좋다, 라는 말을 여러 사람에게서 듣고 있어요. 하하.

흔히 '청소년들에게 꿈을 가져라.' 이런 말을 많이 하잖아요. 근데 내 눈앞에 꿈이 아무것도 안 보이는데 무슨 꿈을 가지지? 대단한 능력을 타고난 것 같지도 않은데! 라고 생각하는 청소년들도 많지 않을까요? 그런 청소년들에게 어떤 조언을 해주고 싶으신지?

피아노 신동, 만들기의 신동, 요리 신동처럼 어릴 때부터 재능을 찾아낸 아이들은 꿈을 추구하며 살기 편하겠죠. 하지만 자기가 뭘 잘하는지 늦게 깨우치는 사람도 있어요. 어린 아이마다 기는 시기와 걷는 시기가 다르듯이 사람마다 그걸 알게 되고 깨우치는 시기도 다른 것 같아요. 좀 늦는다고 실패하지 않거든요. 나이 60인 사람에게 '

몇 살에 기었냐?,' '너 몇 살에 대학 들어갔냐?'라고 물어보지 않잖아요?

 청소년 시기에 진로를 빨리 정해야 한다는 생각은 과거의 사고방식인 것 같아요. 사회생활을 해보고 대학에 들어간 후에라도 자신이 필요하다고 느낀다면 그때 그 길로 가도 늦지 않아요. 이 시기에 해야 한다는 강박관념을 버리고, 자신에게 맞는 길을 찾는 것이 중요합니다.


각 개인에게 서로 다른 동기와 시기가 있다는 말씀이네요.

제가 출연하던 프로그램 중에 〈영재발굴단〉이 있었어요. 거기엔 정말 다양한 영재들이 나오는데, 아이가 명문대를 가야 한다고 생각하는 부모도 있어요. 한 박사님이 그런 부모들에게 '내 아이가 명문대에 들어가지 못할 수도 있다는 용기를 가져라.', '명문대 입학 좌절이 실패가 아니다.'라는 조언을 하셨는데, 정말 공감했어요.
 저는 누구나 가고 싶어 하는 명문대나 좋은 직장이 아니더라도 '사람이 따뜻하다, 참 인간미가 있다.' 같은 이를 들을 수 있는 아이로 자라는 것이 길게 보아 더 행복한 삶을 살 수 있다는 확신이 있어요.

그런데 다른 사람들, 다른 아이들에게는 그렇게 허용적이 되기 쉬운데, 막상 자신의 아이에게는 그렇지 않은 경우가 많더라고요. 관장님은 어떤 편이세요?

그래서 혹시라도 제가 그러지 않나 뒤돌아보곤 했습니다. 저는 일하는 엄마, 늘 바쁜 엄마였어요. 얼마 전 중2인 막내가 사춘기를 너무 심하게 겪고 있어서 딸에게 상담을 받게 하려고 갔더니, 상담 선생님이 아이보다 오히려 부부 상담을 권하더군요. 저희 부부가 갑자기 부부 상담을 받게 됐어요.

 부부 상담을 받으면서 막내에 대한 이해뿐 아니라 지금까지 제가 몰랐던 남편의 기질과 고민, 이런 것들을 알게 되었어요. 그래서 남편이 그때 왜 그렇게 행동을 했었는지, 저는 또 왜 그런 불만을 느끼게 되었는지 등을 이해하게 되는 큰 성과가 있었죠. 하하.

남편하고 제가 그렇게 상담을 받고 나니까 아이들을 대하는 태도도 많이 달라졌어요. 알게 모르게 공부는 안 해도 되지만 숙제는 해야 한다고 압박을 했었는데, 그 아이한테는 그게 공부였던 거죠. 아무튼, 조금은 저도 달라졌다 생각해요.

그러다 보니 아이도 달라지더군요. 그전까지는 방문 딱 닫고 들어가고 그랬는데 이제는 가까이 와서 품에 안기고 무릎베개도 하고. 하하. 많이 친밀해졌습니다.

러빙핸즈 일을 하시면서 혹시 에피소드나 어떤 감회가 있으시다면 소개해 주세요.

멘티들이 졸업하여 다시 멘토가 되는 것, 저는 그것만큼 보람되고 감동적인 건 없는 거 같아요. 멘티 출신 멘토의 수가 한 명 두 명 점점 느는데 정말 이 일을 더 많은 분이 했으면 좋겠다 싶습니다. 저 같은 사람들은 아무래도 멘티와 나이 차이가 크다 보니 세대 차이로 인한 틈이 있어요. 좀 더 세대가 가깝다면 이해의 폭도 더 넓지 않을

싶습니다. 아, 물론 나이가 많아서 정서적으로 안정되는 장점도 있어요.

러빙핸즈가 앞으로 어떻게 발전하면 좋겠는지요? 혹은 김지선의 관점에서 어떤 단체가 됐으면 좋겠다는 기대나 비전이 있으신지요?

사람이 나 혼자 이 세상에 덩그러니 있다고 생각하면, 희망이 없어요. 러빙핸즈가 그런 아이들한테 우리는 네게 관심을 가지고 네가 잘 성장하기를 바라고 기도하고 있다는 걸 계속 알려줬으면 좋겠어요. 그래서 캠핑카도 계획하고 있고, 멘토 사업도 다문화 가정으로 확장을 하고 있어요. 다만 좀 아쉬운 것은 우리가 멘티 얼굴을 공개하지 않아 후원이나 지원 요청을 하기 어려운 부분이 있다는 거예요. 러빙핸즈는 다른 NGO 단체처럼 사진 등으로 자신의 활동이 드러나 보이길 원하는 봉사자들의 마음을 채워줄 수는 없어도 아이들의 마음은 지켜주기를 고집하고 있어요.

좀 더 많은 사람이 마음의 문을 열고 러빙핸즈의 여러 사업에 함께했으면 좋겠어요.

이 책이 러빙핸즈의 활동을 이해시키는 데 도움이 됐으면 하는 마음입니다. 시간 내주셔서 감사합니다.

## 러빙핸즈는 이런 활동을 합니다

〈초록리본도서관 보드게임 동아리 '초보동'〉

- 보드게임을 좋아하는 사람들이 함께 모여 보드게임을 배우고 알아가는 보드게임 동아리.
- 월1회 멘티에게 보드게임을 알려주는 봉사활동 모임도 진행하고 있음.

〈독서 동아리 '초록책담'〉

-함께 모여 자유롭게 도서를 선정하여 각자 책을 읽고, 감상과 책소개 등을 나누는 독서동아리

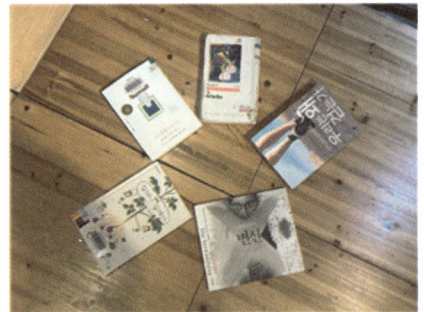

〈자유로운 글쓰기 동아리 '초짜글써'〉

- 매달 3가지 주제를 선정하여 그 중 하나로 자신의 에세이를 쓰는 글쓰기 동아리.
- 책을 읽고 공모전 글을 작성해보기도 함.

〈희귀식물 키우는 동아리 '초록공동체'〉

- 플랜테리어 강사의 교육을 중심으로 진행되는 희귀식물 키우기 동아리.

〈러빙핸즈 포상센터 시네마 클럽 영화동아리 '포시클'〉

- 영화를 본 후 자기의 생각과 감정, 느낌을 나누는 영화 동아리.

〈우리지구 푸르게 푸르게 환경 동아리 '우푸푸'〉

- 환경에 관심 있는 사람들이 모여 우리가 살아갈 지구를 보호할 수 있는 다양한 방법을 논의하는 환경 동아리.
- 각자 관심 있는 환경 분야에 대해서 준비하여 동아리 활동을 해 볼 수 있음.

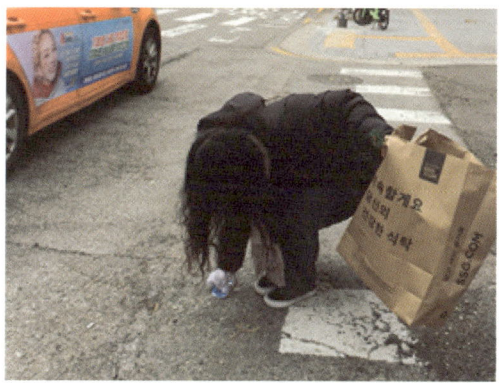

〈초록리본도서관 낭독회 동아리 '초낭'〉

- 이해하기 쉽지 않은 책을 책낭독을 통해서 함께 읽고 이해하기에 도전하는 독서 낭독회 동아리

〈러빙핸즈 중보기도 동아리 '러중동'〉

- 러빙핸즈 멘토&멘티&멘토링&재정 등을 위해 함께 중보기도하는 중보기도 동아리

〈멘토정기모임〉

- 월1회 멘토모임을 진행하여 사례발표, 문화활동, 보수교육 등 다양한 컨텐츠를 통해 멘톨이 활성화에 기여하는 모임.
- 멘토의 근황과 멘토링 진행상황을 파악하여 러빙핸즈와 멘토의 관계, 멘토간의 관계를 견고하게 만들고자 함.

〈김지선 아줌마와 함께 책읽기〉

- 월 1회 김지선 아줌마와 함께 실감나게 책을 읽으며 자신의 생각을 정리하고 표현해보는 프로그램
- 10년간 꾸준히 진행되었으며 실감나는 책읽기로 꾸준히 사랑받고 있는 프로그램
- 홀수달은 ZOOM으로 짝수달은 초록리본도서관에서 오프라인으로 진행 됨.

〈희망토크콘서트〉

- 다양한 분야의 전문가와 함께 즐거운 공연도 보고 이야기를 나누는 프로그램

〈북토크〉

-책의 저자와 함께 책에 대한 아이디어, 창작 과정, 내용 등을 듣고, 저자와 직접 소통하여 책에 대한 깊이 있는 이해를 할 수 있도록 하는 프로그램.

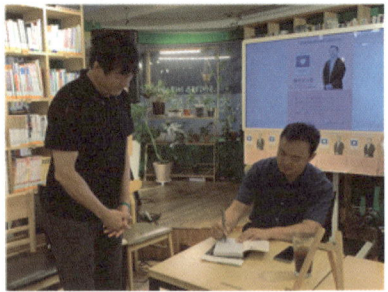

〈멘토멘티의 밤〉

-졸업멘티의 졸업식.
 멘토, 멘티, 멘티의 가족이 함께하는 러빙핸즈의 가장 큰 행사.

〈비전캠프〉

- 사회에 첫 발을 내딛는 졸업멘티들을 위한 실생활에 필요한 강의가 진행되는 캠프

〈봄소풍〉

-멘토, 멘티가 함께하는 체육대회

<후원물품>

-2023년 후원물품

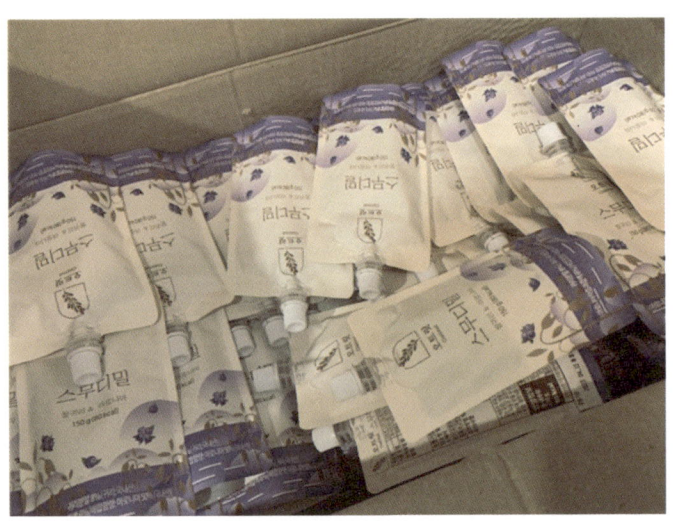

## 최장기 멘토링, 러빙핸즈멘토링을 소개합니다

러빙핸즈멘토링은 세계에서도 보기 드문 최장기 멘토링 프로그램임을 자랑합니다. 한부모·조손 가정, 다문화 가정의 아동·청소년과 일대일 매칭을 통해 고등학교를 졸업하는 나이까지, 적게는 4년에서 최장 11년 가까이 멘토링을 이어갑니다. 게다가 만남의 횟수도 매달 두 번 이상 만나는 것을 원칙으로 하기에, 멘토와 멘티의 신뢰관계 및 청소년 안전망을 두텁게 형성하게 됩니다.

나아가 러빙핸즈멘토링은 멘티에게는 건강한 자아상을 갖게 하고 멘토에게는 사회에 기여할 구체적인 기회를 제공합니다. 멘토와의 지속적인 만남을 통해 멘티들은 자신의 삶을 보다 밝고 긍정적으로 바라볼 수 있게 됩니다.

사람과 사람이 가깝게 접촉할 때만 생겨날 수 있는 에너지와 러빙핸즈멘토링이 제공하는 관계망은 멘티의 전인격적인 변화를 가져올 수 있습니다. 멘토링이 진행될수록 10대 친구들의 눈빛과 얼굴이 점차 밝아지는 것을 바라보면 한 사람을 향한 관심과 사랑이 얼마나 중요한지 증언하게 됩니다.

Photo

## 러빙핸즈멘토링은 이러한 효과를 기대합니다

- 건강한 자아상이 확립됩니다.
- 청소년에게 닥칠지 모르는 위기상황을 예방합니다.
- 신뢰관계를 지속합니다.
- 청소년의 안전망을 형성합니다.

## 러빙핸즈멘토링은 이런 특징이 있어요

- 1:1 만남

멘토와 멘티는 동성으로 연결이 되며 반드시 일대일로 매칭을 합니다. 멘티가 고등학교를 졸업하는 시기까지 4~11년 동안 장기간 멘토링을 진행하며 월 2회 이상 멘토링 활동을 합니다.

- 교육문화 활동 참여

멘티에게는 건강한 성장에 필요한 교육 제공과 다양한 문화활동에 참여하여 지속적이고 원활한 멘토링을 합니다.

- 수퍼비전 제공

멘토에게는 러빙핸즈의 멘토링 전문가와 전문 상담위원들의 수퍼비전 제공과 멘토 동기 그룹의 지지로 멘토링을 지속할 힘을 얻게 합니다.

- 멘토일지 작성

멘토는 멘토링 활동 후 멘토일지를 작성하여 멘티의 상황을 러빙핸즈에게 알리고 그들의 필요를 채우기 위해 함께 노력합니다.

- 후원 동참

러빙핸즈 멘토는 멘티와의 만남뿐 아니라 러빙핸즈의 정기후원자에도 참여합니다.

## 러빙핸즈의 멘토양성과정은 어떤 것인가요?

'러빙핸즈 멘토'가 되기 위해서는 반드시 멘토양성 교육을 수료해야 합니다. 교육을 받으며 아동·청소년인 멘티의 어른 친구로서, 1:1 멘토링에 필요한 여러 정보와 멘토로서 갖춰야 할 태도를 배우고, 멘토들 간의 지지와 선배 멘토들의 격려도 얻게 됩니다.

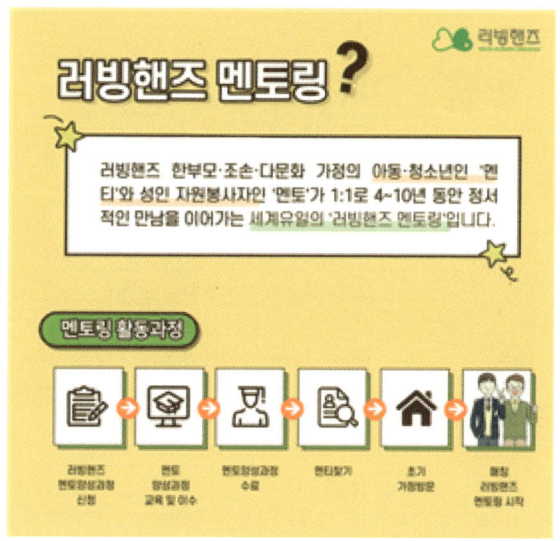

## 1일차 교육과정

- 1장 그룹활동 워크샵 I
- 2장 러빙핸즈 멘토링
- 3장 말씀으로 여는 러빙핸즈 멘토링
- 4장 집단상담 워크샵
- 5장 멘티 이해
- 6장 러빙핸즈 소통

## 2일차 교육과정

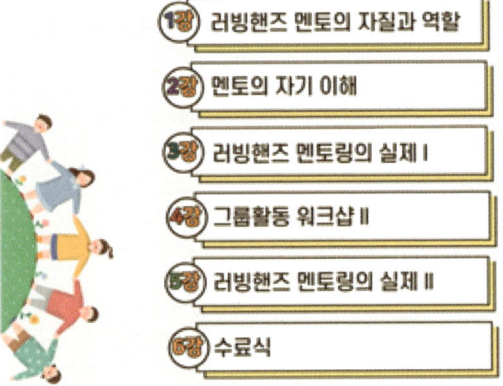

- 1장 러빙핸즈 멘토의 자질과 역할
- 2장 멘토의 자기 이해
- 3장 러빙핸즈 멘토링의 실제 I
- 4장 그룹활동 워크샵 II
- 5장 러빙핸즈 멘토링의 실제 II
- 6장 수료식

## 러빙핸즈의 자랑스러운 수상 내역

2020
대한민국 나눔국민대상 멘토링부문 대통령표창 수상(김지선 자원봉사자)
2017
대한민국 나눔국민대상 휴먼멘토링부문 대통령표창 수상
2009
대한민국 휴먼대상 러빙핸즈멘토링 보건복지부장관 표창 수상


## 러빙핸즈 멘토들도 수상하였어요

2023
서울 41기 김외규 멘토
전국사회복지나눔유공자시상식 멘토링 수기부문 대상 보건복지부장관상 수상
2023
대구 3기 김유경 멘토
전국사회복지나눔유공자시상식 멘토링 영상부문 장려상 한국사회복지협의회장상 수상

2022

강원 7기 강원호 멘토

전국사회복지나눔대회 멘토링 수기공모전 대상 보건복지부 장관 표창 수상

2022

호남 3기 정미숙멘토

대한민국 나눔국민대상 멘토링부문 나눔국민운동본부대표 표창 수상

2021

대구 2기 전유경 멘토

전국사회복지나눔대회 멘토링 수기공모전 대상 보건복지부 장관상 수상

2020

홍보대사 방송인 김지선

대한민국 나눔국민대상 멘토링부문 대통령표창 수상

2019

대구 1기 김덕원 멘토

대한민국 나눔국민대상 희망멘토링 부문 대상 보건복지부 장관 표창 수상

2018
서울 45기 최영화 멘토
휴먼네트워크 멘토링 우수사례 부문 보건복지부장관 표창 수상
2017
대구 2기 고영호 멘토
대한민국 나눔국민대상 희망멘토링 부문 보건복지부장관 표창 수상
2017
서울 34기 조애란 멘토
전국사회복지나눔대회 멘토링부문 한국사회복지협의회장 표창 수상
2016
서울 35기 조정환 멘토
대한민국 나눔국민대상 희망멘토링 부문 보건복지부장관 표창 수상
2015
서울 41기 천우현 멘토
전국사회복지나눔대회 우수 멘토-멘티부문 보건복지부장관 표창 수상

2015
서울 12기 오지숙 멘토
대한민국 나눔국민대상 희망멘토링 분야 보건복지부장관
표창 수상
2014
서울 33기 김영복 멘토
마포구 자원봉사 콘텐츠 공모전 우수상 수상
2011
서울 1기 한기수 멘토
러빙핸즈멘토링프로그램 보건복지부장관 표창 수상

## 러빙핸즈는 이렇게 일하여 왔어요

2007년
러빙핸즈 설립(2.14)
러빙핸즈멘토양성과정 3회기 진행
러빙핸즈멘토&멘티 13쌍 매칭

2008년
러빙스쿨 1호(다드림) 오픈 (방과후교실)
러빙핸즈멘토양성과정 3회기 진행
러빙핸즈멘토&멘티 30쌍 매칭

2009년
사단법인 설립허가
혜성,사랑이,서교.제자들러빙스쿨 2~5호 오픈
러빙핸즈멘토링 보건복지부장관상 수상
러빙핸즈멘토양성과정 12회기 진행
러빙핸즈멘토&멘티 65쌍 매칭
멘토양성과정 7~18기 진행, 멘토 93명 배출

2010년
지정기부금단체 등록(기획재정부 지정)
네팔 해외지부 지원사업 시작
러빙핸즈멘토양성과정 7회기 진행
러빙핸즈멘토&멘티 82쌍 매칭

2011년
러빙핸즈멘토링프로그램 보건복지부장관상 수상
러빙핸즈멘토양성과정 8회기 진행
러빙핸즈멘토&멘티 110쌍 매칭

2012년
러빙핸즈멘토링센터 개소
러빙핸즈 호남권역지부 개소
러빙핸즈멘토양성과정 13회기 진행
러빙핸즈멘토&멘티 160쌍 매칭

2013년
서울 초록리본도서관 개관
러빙핸즈멘토양성과정 9회기 진행

러빙핸즈멘토&멘티 174쌍 매칭

2014년
러빙핸즈멘토양성과정 8회기 진행
러빙핸즈멘토&멘티 182쌍 매칭

2015년
강원 러빙핸즈멘토링센터 개소
러빙핸즈멘토양성과정 12회기 진행
캄보디아 초록리본도서관 개관
러빙핸즈멘토링프로그램 보건복지부장관상 수상
러빙핸즈멘토&멘티 218쌍 매칭

2016년
러빙핸즈멘토양성과정 16회기 진행
러빙핸즈멘토링 프로그램 보건복지부장관상 수상
러빙핸즈멘토&멘티 251쌍 매칭

2017년
러빙핸즈멘토양성과정 16회기 진행

방글라데시 초록리본도서관 개관
행복매장 1호 '푸라닭 러빙핸즈망원점' 오픈
러빙핸즈멘토링 프로그램 보건복지부장관상 수상
2017 대한민국 국민나눔대상 휴먼멘토링 부문
대통령표창 수상
러빙핸즈 멘토&멘티 253쌍 매칭

2018년
러빙핸즈멘토양성과정 11회기 진행
제 8회 일일카페 사랑가 진행
광주 초록리본도서관 개관
서대문구로부터 홍제동 청소년 활동공간 '꿈다락' 위탁사업
2018 러빙핸즈멘토링 보건복지부장장관상 수상
러빙핸즈 멘토&멘티 240쌍 매칭

2019년
가평 러빙핸즈멘토링센터(쉼터) 개소

러빙핸즈 멘티 글로벌 캠프(필리핀)
2019 대한민국 국민나눔대상 휴먼멘토링 부문 보건복지부장관상 수상
러빙핸즈 멘토&멘티 227쌍 매칭

2020년
2020년 김지선 공동관장 나눔국민대상 멘토링부문 대통령표창 수상
러뱅핸즈멘토양성과정 9회기 진행
러빙핸즈 멘토&멘티 213쌍 매칭

2021년
러빙핸즈멘토양성과정 13회기 진행
러빙핸즈멘토링 프로그램 보건복지부장관상 수상
러빙핸즈 멘토&멘티 204쌍 멘토링활동 진행

2022년
러빙핸즈멘토양성과정 회기 12회기 진행

러빙핸즈 멘토&멘티 183쌍 멘토링활동 진행

2023년
러빙핸즈멘토양성과정 10회기 진행
러빙핸즈 멘토&멘티 204쌍 멘토링활동 진행 중
『(사)러빙핸즈 포상센터』 운영기관 등록(한국청소년활동진흥원, 2023-5-003호)

## 어쩌다 어른친구

러빙핸즈멘토링 사례집2

2024년 3월 20일 초판
지은이 러빙핸즈
펴낸이 임신희
일러스트 잉그 인스타그램 id: @ing_toon_22
디자인/편집 박아람
펴낸곳 인사이트브리즈 출판사
출판등록 제396-2012-000142호 (2012년 08월 14일)
주소 경기도 고양시 덕양구 삼원로 83 광양프런티어밸리6차 1412
문의 010-7255-2437
전자우편 insightpub@naver.com
홈페이지 www.insightbriz.com

ISBN 979-11-86142-83-7 (43330)
책값은 책의 뒤표지에 있습니다.

*이 책은 저작권법에 따라 보호받는 저작물이므로 무단전재와 무단복제를 금합니다.

인사이트브리즈는 "생각을 불러일으키는 글"을 출판합니다.